Christian Feldmann

LES REBELLES DE DIEU

François d'Assise — Catherine de Sienne
Le Curé d'Ars — Thérèse d'Avila
Marguerite Bourgeoys

Éditions Paulines & Médiaspaul

L'édition originale de cet ouvrage a paru chez *Verlag Herder Freiburg im Breisgau*, en Allemagne, sous le titre «GOTTES SANFTE REBELLEN».

Maurice Léveillé en a assuré la traduction de l'allemand.

Le portrait biographique de Marguerite Bourgeoys a été rédigé par Simone Poissant, c.n.d.

Composition et mise en page: *Les Éditions Paulines*

Maquette de la couverture: *Antoine Pépin*

ISBN 2-89039-149-3

Dépôt légal — 4e trimestre 1987
Bibliothèque nationale du Québec
Bibliothèque nationale du Canada

Le marginal cinglé

Francesco Bernardone
François d'Assise (1182-1226)

ON DOIT DEVENIR FOU
POUR TROUVER LE CHRIST

«Que personne ne soit nommé 'premier'. Mais tous doivent simplement s'appeler 'Frères Mineurs'.»

«Ils doivent toujours garder fidélité à Dame Pauvreté et l'aimer.»

En 1211, un spectacle inhabituel s'offrit aux habitants de la petite ville italienne de province, Assise. Deux jeunes hommes négligés, déguenillés, à moitié nus montèrent en chaire et commencèrent une ardente prédication de pénitence contre le luxe et l'incroyance. Les auditeurs effrayés reconnurent Rufino et Francesco, fils de familles honorables, qui avaient quitté la ville, il y a quelques années, et avaient choisi une existence suspecte de mendiant à travers le pays.

Francesco — le fou. *Un pazzo! Un pazzo!* criaillaient les enfants derrière lui dans une joie cruelle: «Un idiot! Un cinglé!»

François — le marginal cinglé, qui soudain jette par-dessus bord les plus belles chances et une vie assurée pour marcher dans les villages, couvert de haillons sordides, et restaurer les églises en ruines.

François — l'inadapté, qui ne sait plus ce qu'il convient de faire, le provocateur qui choque tout le monde et devient volontairement un asocial.

François — le doux rebelle, le pacifiste irraisonnable, qui est redevenu enfant, qui parle aux fleurs et aux sources, qui pourvoit les abeilles de miel durant l'hiver glacial et ramasse prudemment les vers de terre. Y eut-il alors au XIIIe siècle des cliniques psychiatriques, il y aurait sûrement abouti en peu de semaines.

Qu'offre la société comme possibilités lorsque quelqu'un prend l'évangile à la lettre? Elle peut, consternée, découvrir ce qui lui manque et changer, mais cela fait mal. Et elle peut déclarer fou le corps étranger encombrant, ce qui est plus simple. L'Église catholique a encore une troisième façon de venir à bout de chrétiens trop radicaux: elle les déclare saints après coup — lorsqu'ils sont morts depuis longtemps.

On peut ensuite déclarer d'autant plus simplement qu'une telle vie n'est pas pour le chrétien «normal» et absolument pas une alternative aux structures ecclésiastiques éprouvées. François rend la chose aisée à ceux qui le rejettent ainsi et qui aimeraient le déclarer désobligeant:

«Le Seigneur m'a dit qu'il voulait que je sois un véritable fou dans le monde.»

C'est ce qu'il déclara au savant cardinal Ugolino, le futur pape Grégoire IX, lorsqu'il voulut le persuader d'une règle correcte pour sa communauté non encore organisée.

Mais alors, si le chemin de François est le seul qui mène droit à Dieu devrions-nous tous devenir des fous comme François pour trouver Jésus qui, lui-même, apparut souvent comme un fou à ses contemporains?

La petite ville d'Assise, située dans les collines de l'Ombrie, est à côté des centres où se fait la politique mondiale. Mais les marchands et les chanoines, les artisans et les journaliers d'Assise, exactement comme les Florentins et les Romains et tout comme les gens de Paris, de Bruxelles et de Cologne, se rendent compte qu'ils vivent à une époque de changement profond dans l'histoire universelle. Car avec le douzième siècle se termine toute une époque.

La sécurité que donnait l'image du monde transmise par l'Église commence à s'effriter. Partout surgissent de nouvelles écoles et universités. Les hommes ont faim de formation; ils ne se contentent plus des réponses traditionnelles. L'horizon s'élargit. En Europe, une culture urbaine se forme, les villes croissent en puissance et développent un commerce florissant par-delà les mers et les continents. À côté des biens meubles et des biens immeubles, la possession de l'argent devient de plus en plus importante. Dans les villes, les riches patriciens accumulent des capitaux, fondent des usines de fabrication ayant de larges ramifications, occupent les travailleurs à domicile: les débuts du capitalisme apparaissent.

«Au nom de Dieu et du profit!» écrit fièrement Francesco Datini, de Prato en Toscane, sur la première page de son grand livre, et il n'a sans doute pas rougi en écrivant cela. Les familles de banquiers, comme les Buonsignori à Sienne et les Pisani à Venise, s'accaparent toujours plus de pouvoir, et les maisons bancaires florentines des Frescobaldi et des Peruzzi financent la politique coûteuse des papes guerriers...

Une bourgeoisie devenue consciente d'elle-même et affichant avec son capital des allures de toute-puissance gruge l'autorité jusqu'alors incontestée de l'État et de l'Église. Tandis qu'une culture imbibée de christianisme expérimente sa plus haute floraison et que le pape de Rome s'érige juge des

empereurs et des rois, l'Eglise perd considérablement sa crédibilité morale. Des évêques affamés de pouvoir, des prélats
intrigants, des curés dépravés et des moines dégénérés ne
reçoivent plus du peuple une pieuse vénération, mais des
chansons satiriques. Des questions critiques à l'Église institution ne viennent pas seulement des pauvres travailleurs qui,
pour un salaire de famine doivent trimer sur la propriété fon-
cière des monastères et des cathédrales, mais aussi des mou-
vements de pauvreté et d'hérésie qui deviennent de plus en
plus forts. Leurs membres, souvent des chrétiens simples et
pacifiques, qui regrettent la simplicité des premiers temps fini-
ront par milliers, dans les décennies suivantes, sur le bûcher
que leur allument des frères dans la foi conscients de leur
puissance.

Guerre civile et violence forment, à cette époque, l'image
de l'Italie déchirée: les partisans de l'empereur et ceux du pape
se battent pour la domination du pays. Dans les villes, les bourgeois luttent contre les nobles, les cités-républiques devenues
majeures se soulèvent contre les châtelains arrogants.

Le riche marchand de tissu, Pietro Bernardone d'Assise en
Ombrie, est un modèle pour les bourgeois italiens des temps
nouveaux: une étoile qui monte à partir d'humbles conditions,
selon les rapports transmis — qui à vrai dire ne lui sont pas
très sympathiques — un homme quelque peu grossier, insensible, mais énormément fier de son succès professionnel, de
son commerce florissant, de sa marchandise recherchée. À
Assise, il aurait possédé plusieurs maisons; peut-être faisait-
il lui-même produire une partie de ses tissus dans l'une des
mini-fabriques déjà mentionnées ou par des travailleurs à
domicile.

La mauvaise humeur saisit ce Pietro Bernardone quand,
en 1182, il revient d'un voyage d'affaires. Sa femme, Donna
Pica, une Française élégante, a donné à son fils, né durant son
absence, le nom de Giovanni! Giovanni, la forme italienne

de Jean — un nom, qui sent le désert et l'abdication. Il renverse sa décision; son fils doit s'appeler Francesco, «le petit Français». Un souffle d'élégance mondaine, métropolitaine, d'exploits chevaleresques, de galanterie de cour!

Le vœu de Pietro semble devoir se réaliser: Francesco devient un fils typique de seigneur, arrogant et en même temps superficiellement social, centre adoré d'une horde bruyante de jeunes gens parce qu'il est celui qui a le plus d'argent et il le distribue à pleines mains. Il ne semble pas avoir été particulièrement beau; ses biographes le décrivent comme petit, chétif, aux jambes frêles. Mais il avait une voix mélodieuse, des manières nonchalantes; il était généreux — même vis-à-vis des pauvres, déjà à cette époque — et toujours de bonne humeur, surtout lorsqu'il chantait les chants des troubadours de Provence que sa mère lui avait appris.

À 14 ans — en ce temps-là, cela allait plus vite qu'aujourd'hui — Francesco appartient déjà à la corporation des marchands, il choisit les étoffes aux marchés, négocie avec les clients pour le commerce de son père. À 19 ans, il considère comme une aventure bienvenue la guerre contre la ville voisine rivale, Pérouse; l'incarcération à Pérouse où pendant un an il attend d'Assise la rançon exigée ne lui fait rien. Mais il a le temps de réfléchir.

Sur le revirement qui intervient peu après dans sa vie, il n'y a que des légendes. L'une d'elles raconte que Francesco a voulu se joindre aux troupes du pape pour acquérir une célébrité de guerrier, peut-être un titre de noblesse. Une voix lui a alors demandé en songe ce qu'il attendait du pape et de ses généraux:

«Qui peut te donner le meilleur, le maître ou le serviteur? Pourquoi alors abandonnes-tu le maître pour l'amour du serviteur et le riche à cause d'un pauvre?»

Le pape réduit à un pauvre serviteur, Dieu considéré le seul qui vaut véritablement la peine de servir — cela rappelle un motif dominant de la vie de Francesco.

À 23 ans, il tombe dans une profonde dépression; «rien ne peut le réjouir», rapporte un biographe. Il se retire de la compagnie de ses amis, médite dans une caverne sur sa vie passée. Il en sort radicalement changé. Il découvre ses nouveaux amis: les mendiants, les lépreux, les hommes en marge de la société que personne n'aime. Il mange avec les lépreux, lave le pus de leurs plaies et fait un effort pour baiser leurs mains. «Et quand je m'éloignais d'eux», dira-t-il plus tard dans son testament sur cette expérience-clé, «je trouvais ce qui m'était apparu amer transformé en douceur.» Douceur, *dolcezza*, cela appartient au vocabulaire des troubadours amoureux et signifie tendresse, mansuétude...

Tout près d'Assise, Francesco découvrit alors la petite église de San Damiano tombée en ruines, où il entra volontiers et pria devant un merveilleux crucifix. On peut voir encore aujourd'hui, dans la basilique Santa Chiara d'Assise, la croix de bois de style romano-byzantin portant un Christ très viril avec de grands yeux impératifs. Devant ce crucifix, rapporte-t-on, celui qui cherchait si passionnément un sens à sa vie entendit clairement, un jour, la voix du crucifié:

«Francesco! va et répare ma maison qui, tu le vois, tombe en ruines!»

Et dans une autre petite chapelle abandonnée, nommée la Portioncule, Francesco eut cette célèbre expérience en écoutant l'évangile alors, qu'une fois, un prêtre s'y égara et célébra l'eucharistie. C'était les paroles avec lesquelles Jésus avait envoyé prêcher ses disciples: «Le Royaume des cieux est proche... Vous avez reçu gratuitement, donnez gratuitement. Ne vous procurez ni or, ni argent, ni monnaie à mettre dans vos ceintures, ni sac pour la route, ni deux tuniques, ni sandales ni bâton...» (Mt 10, 7-10).

Francesco fut frappé comme par le tonnerre. «C'est ça que je veux», dit-il, «c'est ça que je cherche, du fond de mon cœur je demande de le faire!» Et immédiatement, selon son biographe Thomas de Celano, il a jeté ses souliers, revêtu la simple bure du pâtre des montagnes et échangé la ceinture de cuir contre le cordon. Le futur costume de l'ordre des Franciscains était créé.

Cela n'est certainement pas le fruit d'un scénario adroitement dramatisé, mais simplement le portrait d'un moment pris sur le vif d'une bataille tenace qui a duré des années et qui peut aussi avoir connu des phases de désespoir et des revers. Ainsi, la conquête d'une solitude jamais connue appartient à ces phases plus difficiles de même que la lutte avec un entourage incompréhensif et moqueur et l'éternelle dispute avec son père, une âme mesquine et autoritaire; Pietro Bernardone essayait de dompter l'héritier devenu fou de toutes les façons possibles.

La sublimité de la très digne pauvreté vous a, mes bien chers frères, établis héritiers et rois du Royaume des cieux. Elle vous a faits pauvres en biens, mais riches en force.

Le jeune homme nu sur la place du marché

Célèbre est la scène où le jeune Bernardone, au milieu de la place du marché d'Assise, vend son cheval et des marchandises du magasin de son père; il donne l'argent à un vieux prêtre. Le père — craignant pour la réputation de sa famille et de son commerce — doit avoir, après cela et selon le droit, incarcéré son fils malvenu. Sur la même place du marché, on en vint à la mémorable discussion devant l'évêque:

François jette ses bijoux et ses vêtements aux pieds de son père qui l'accuse de dilapider sa fortune. «Dorénavant», déclare-t-il au public interdit, «je dirai librement: Notre Père qui êtes aux cieux! et non plus: Père Pietro Bernardone! Nu, j'irai vers le Seigneur.» Plus tard, il avouera que cette séparation définitive de sa famille avait été la plus dure épreuve de sa vie.

À partir de ce moment-là, il erre à travers les localités et restaure les chapelles tombées en ruines. Afin de pouvoir acheter du matériel de construction, il chante aux marchés. Un oiseau fou, dont rient les gens.

Mais la façon dont il parle de la paix et de la conversion nécessaire plaît à beaucoup. Un commerçant, le riche Bernardo de Quintavalle, vend sa propriété et se joint à lui, un juriste s'allie à eux, puis un jeune fermier, un chevalier, un chanoine, le poète Guglielmo Divini, un géant du nom de Frère Masseo et le simple Juniper («Genièvre»), comme l'appelle tendrement François. Ils vivent ensemble dans une communauté de demeure, dans des granges et de vieilles chapelles et se promettent l'un à l'autre de se laisser conduire en tout par l'évangile.

«Tous ceux qui venaient pour accepter cette vie», dira François en considérant le passé, «donnaient aux pauvres tout ce qu'ils avaient. Ils se contentaient d'une simple bure, rapiécée à l'intérieur et à l'extérieur, d'un cordon et de pantalons. Nous ne voulions rien posséder de plus... Nous étions incultes et soumis. Je travaillais et veux travailler de mes mains, et je veux que tous les autres Frères accomplissent un travail honorable. Celui qui ne le peut pas doit l'apprendre... S'il arrive qu'aucun salaire ne nous soit donné, nous voulons nous réfugier à la table du Seigneur et demander l'aumône de porte en porte.»

Les Frères ne font pas que mendier comme le veut la légende. L'alternative franciscaine pour gagner de l'argent ne consiste pas à vivre aux dépens des autres — les hautes classes du Moyen Âge le font déjà suffisamment. La petite communauté, dont la règle consiste d'abord tout simplement à vivre l'évangile, se nourrit de travaux d'occasion chez les fermiers et dans les léproseries et raconte à tous ceux qui veulent l'entendre comme il est beau de vivre fixé sur Dieu.

François: «Que sommes-nous, serviteurs de Dieu, sinon des chanteurs et des musiciens errants, qui veulent émouvoir le cœur des hommes et les élever à la joie spirituelle!»

Nous voulons nous en tenir à Sa parole, Sa vie, Sa doctrine et Son saint évangile. Tous nous voulons aimer Dieu le Seigneur, de tout notre cœur, de toute notre âme, de tout notre esprit, de tout notre pouvoir et de tout notre courage, de toute notre sensibilité, de toute notre force, de toute notre joie, de toute notre tendresse, de toute notre affection, de tous nos vœux et désirs. Nous avons promis de grandes choses. De plus grandes nous sont promises. À celles-là nous voulons tenir, à celles-ci nous voulons aspirer.

C'est l'alternative. Les classes sociales qui donnaient le ton, en ce temps-là, les chevaliers, les marchands, les prélats, vivaient bien, il est vrai, mais n'entendaient pas leur activité comme un travail. Et il n'y a pas de plein emploi; le travail convenablement payé est rare. En cette situation, les Frères donnent un témoignage immense, en ce qu'ils font cause commune avec les journaliers et les mendiants qui n'ont d'autre possession que le Christ, le pauvre de Nazareth. Ils veulent *être* pauvres, non pas simplement aider les pauvres de quelque façon en se penchant vers eux en gardant une position sécuritaire.

François envoie prêcher ses amis deux par deux: «Allez à deux, bien-aimés, dans le monde, et annoncez aux hommes la paix et la pénitence pour le pardon des péchés.» Leur prédication est simple, en relation avec le quotidien, affectueuse, non agressive comme les sermons de menaces de nombreux

15

missionnaires populaires du temps qui terrifient leurs auditeurs par de délicieuses descriptions de tous les tourments de l'enfer.

Comme plusieurs jeunes filles quittent leur existence bourgeoise et se joignent aux Frères, une communauté pour dames est créée; cela engendre un conflit avec l'autorité publique. Mais François va droit son chemin. Il a confiance à la puissance de conviction de «l'autre vie» dans laquelle ses jeunes communautés se sont engagées:

«Il faut s'aimer les uns les autres, comme dit le Seigneur: 'C'est mon commandement que vous vous aimiez les uns les autres, comme je vous ai aimés.' Et leurs actes sont censés refléter l'amour qu'ils se portent les uns aux autres... Et ils doivent être et ne doivent témoigner à tout homme que de la douceur. Et il ne faut pas juger, ni condamner; et, comme dit le Seigneur, ils ne doivent pas faire attention aux petits péchés des autres, mais plutôt réfléchir sur les leurs dans l'amertume de leur âme.»

Ces péchés typiquement chrétiens, il les connaît très bien, le doux Frère François au regard qui pénètre tout ce qui est humain: «Beaucoup sont zélés pour la prière et le culte divin. Ils jeûnent beaucoup et mortifient leur corps. Mais un seul mot qui fait apparemment tort à leur moi égocentrique, ou quelque objet qui leur est enlevé les fâche et les met hors d'eux-mêmes. Ils ne sont pas pauvres en esprit...»

Dans ces communautés, il ne doit pas y avoir de place pour l'hypocrisie. La pauvreté est tout parce qu'elle rend libre pour ce qui est important. Longtemps François s'oppose à des règles, à des maisons fixes et même à des livres de prières. Un Frère à qui ne suffisent pas les simples prières de répétition et le Notre Père s'attire sa mauvaise humeur:

«Une fois que tu auras un livre de prières», lui reproche-t-il, «tu voudras aussi avoir un bréviaire. Et lorsque tu auras un bréviaire, tu voudras aussitôt t'asseoir sur une chaire. Alors, comme un grand prélat, tu diras à ton Frère: 'Apporte-moi le bréviaire!'»

Il semble que ce soit comme un miracle que cette communauté spontanée, difficile à comprendre, ait été si rapidement reconnue de Rome. L'histoire du pape qui aurait vu en songe un moine déchu soutenir la basilique chancelante du Latran appartient certes au domaine des légendes. Cette autre tradition apparaît plus crédible, selon laquelle le pape dit à François:

«Frère, tu trouves sûrement une couple de cochons qui t'acceptent dans leur étable. Tu peux leur prêcher, et peut-être acceptent-ils ta règle. En tout cas, tu ressembles plus à un cochon qu'à un être humain!»

Le pape très arrogant de Rome

Car Innocent III — ainsi s'appelait comme pape le distingué Lotario, comte de Segni — était le contraste le plus grand que l'on puisse imaginer des «Frères mineurs» déguenillés d'Assise dans leur costume de pâtres des montagnes. En lui, le pouvoir de la papauté médiévale atteignit son apogée. Issu d'une souche de vieille noblesse, formé théologien et juriste éminent à Paris et à Bologne, il développa une conscience de son moi jusqu'alors inhabituelle aux papes. L'évêque de Rome, avait-il coutume de dire, est sans doute moins que Dieu, mais plus qu'un homme.

Le Seigneur a remis à Pierre et à ses successeurs le gouvernement non seulement de l'Église, mais aussi de toute la terre, écrivit Innocent au Patriarche de Constantinople.

Il trouva pour cela une métaphore très juste: de même que Dieu a mis deux lumières au firmament, une grande, pour éclairer le jour, une plus petite, pour éclairer la nuit, de même il a aussi institué dans l'Église deux dignités, une grande, pour diriger les âmes, et une plus petite pour diriger les corps. «Ces deux dignités sont l'autorité papale et la puissance royale. Comme la lune reçoit sa lumière du soleil, elle lui est, cependant, de fait inférieure en grandeur et en intensité lumineuse, en position et en action, ainsi la force royale reçoit l'éclat de sa dignité de l'autorité papale...»

Sans aucun doute, Innocent ne se voyait pas simplement comme «représentant du Christ», dans un sens politique fort, qui n'aurait pu finalement voir dans l'empereur qu'un rival sans importance. Sa revendication de commandement en était une spirituelle, et même les empereurs et les rois, en tant que chrétiens, membres du corps de l'Église, lui étaient soumis. Cela n'excluait pas d'assumer même un rôle d'arbitre politique lorsqu'il y avait à vider quelque chose comme une querelle entre rois. Pour autant, Innocent apparut arrogant.

Les chroniqueurs le décrivent également comme un homme profondément religieux et un pasteur doué. Il supprima les pages et les vases d'or du Vatican, rendit plus sévères les critères moraux de choix dans la nomination des évêques, mit sur pied une réforme du clergé au premier concile universel de l'Occident chrétien, le quatrième concile du Latran.

Ce même rassemblement de l'Église ordonna sans doute aussi la «tache jaune», précurseur de l'étoile de David, pour l'ensemble des concitoyens juifs et légalisa le début de l'Inquisition. Le pape combattit d'abord le mouvement de pauvreté hérétique des Albigeois avec des lois relativement modérées, mais il mobilisa ensuite, parce que les évêques et les princes prenaient du temps à les exécuter, le roi de France pour une guerre sainte contre les hérétiques. Le mouvement des Albigeois fut noyé dans des bains de sang effroyables; à Béziers seulement, dans le sud de la France, on estime que sept mille hommes furent tués.

Avec enthousiasme, Innocent fit de la réclame pour la

croisade mal famée de 1204, qui ne conduisit pas à la victoire sur les musulmans, mais bien à la conquête et au pillage de la ville chrétienne de Constantinople, ce qui fut violemment condamné par le pape. Constantinople était devenue une concurrente gênante pour les maîtres du commerce de l'Ouest et avant tout pour l'économie vénitienne.

C'est précisément à cet homme de pouvoir, cultivé, mondain et énormément imbu de la dignité de son propre trône que fit face la poignée de prédicateurs errants déguenillés d'Assise. François et ses disciples espéraient une confirmation de leur règle par l'autorité ecclésiastique. Une règle qui traitait tant de pauvreté, de simplicité et de fraternité. Que pouvait bien faire la cour papale avec cette bande naïve?

Mais Innocent n'était pas seulement conscient de son pouvoir, il était aussi prudent. Rome avait proféré assez d'anathèmes contre les prédicateurs de pauvreté et les groupes radicaux de chrétiens, elle avait envoyé aux bûchers Vaudois et Cathares. Pouvait-on s'accorder de perdre encore plus de chrétiens qui lisaient l'évangile de façon certes naïve, mais non dangereuse? Et dans ce mouvement sans violence, dévoué au Saint-Siège, ne pouvait-on pas canaliser ces forces qui pourraient un jour devenir dangereuses pour les puissants de l'Église et de l'État?

Ou confus, le pape n'a-t-il pas reconnu combien ces frères dans la foi, apparemment si peu nécessaires, se trouvaient près du Seigneur, de qui il tenait sa dignité? De ce rabbin de Galilée qui s'était choisi comme compagnons de pauvres pêcheurs, non pas les puissants de Jérusalem ou de Rome.

Le Christ sauvera beaucoup d'âmes par ces pauvres gens, avait prophétisé le grand ecclésiastique français Jacob de Vitry, «pour la honte des prélats, qui tels des chiens muets ne peuvent plus aboyer». Lors de l'audience papale, rapporte-t-on, l'influent Cardinal Jean de Colonna s'est engagé pour les Frères mineurs avec l'argument évident: «Cet homme veut simplement que nous lui permettions de vivre selon l'évangile. Si maintenant nous déclarons que cela dépasse le pouvoir humain, nous tenons alors qu'il est impossible de suivre l'évangile et blasphémons le Christ, l'auteur de l'évangile.»

Heureux, les Frères mineurs s'en retournèrent chez eux avec la reconnaissance papale. Ils renforcèrent leur activité de prédication, entrèrent en Ombrie, en Toscane, en Romagne et dans la marche d'Ancona. Au pape qui appelait à une nouvelle croisade contre les Musulmans, les Frères présentèrent une authentique alternative franciscaine: ils acceptaient la pensée de la mission dans leur programme, et à vrai dire d'une mission réellement pacifique qui voulait convaincre par la prédication et la vie personnelle.

François aurait eu même de vraies discussions fructueuses avec le sultan Melek-al-Kamil, un seigneur très cultivé, qui avait une prédilection pour les pauvres mystiques et les plans de combat raffinés. À son appel d'accepter l'armistice offerte par le sultan, les croisés chrétiens ne répondirent pas, bien entendu.

Chez lui, en Italie, il devint pacificateur dans divers conflits locaux et dans des guerres civiles. À son compte va, selon une vieille tradition, le «pacte éternel», conclu à Assise, en 1210, entre la noblesse et le peuple: libération des serfs, assimilation des villageois appartenant à Assise aux citoyens, amnistie pour les proscrits, renoncement de la noblesse à quelques droits. À Bologne, il réussit à mettre fin à une inimitié héréditaire sanglante entre les familles nobles.

Mourant, François intervint dans une querelle amère qui avait éclaté dans sa ville d'origine: l'évêque avait excommunié le gouverneur et celui-ci essayait d'affamer le clergé par un boycottage économique. François envoya deux compagnons au palais épiscopal et fit communiquer: «Frère François a composé une mélodie à la louange de Dieu et pour l'édifica-

tion du prochain et vous demande de l'écouter attentivement.»
Et alors ils chantèrent une strophe du célèbre «cantique des créatures»:

«Loué sois-tu, mon Seigneur, pour ceux
qui pardonnent par amour pour toi;
qui supportent épreuves et maladies;
heureux s'ils conservent la paix,
car par toi, Très-Haut, ils seront couronnés.»

Là-dessus, le gouverneur présent se serait jeté en pleurant aux pieds de l'évêque. Celui-ci l'embrassa et avoua: «Ma fonction devrait me rendre humble, mais parce que je suis irascible de nature tu dois être indulgent envers moi.»

Il y a quelques années encore on avait persiflé comme étant «une sorte de Vaudois» les Frères qui ne semblaient pas particulièrement soignés dans leur costume de pâtre. «Les jeunes filles fuyaient en tremblant», lit-on dans un récit primitif, «lorsqu'elles apercevaient les Frères de loin de peur d'être entraînées par leur démence.» François fut poursuivi par la haine irréconciliable de son père, et son plus jeune frère lui cria une fois, un jour froid d'hiver, qu'il devrait vendre sa sueur pour ne pas avoir besoin ensuite de demander l'aumône en ayant froid.

Mais maintenant aux yeux de plusieurs, François était déjà devenu sa propre légende. Quand il entrait dans une ville, rapportent ses anciens biographes, les cloches sonnaient, les hommes se réjouissaient, les enfants venaient à sa rencontre avec des rameaux frais: «Il apparaissait à beaucoup comme un autre Christ, qui apportait le salut au monde.»

Il est à peine imaginable que cette vénération fût agréable à un homme comme François. D'autant plus qu'il eut à souffrir de plus en plus fortement de la méfiance et de la mauvaise conscience de clercs haut placés, de fonctionnaires de la curie.

Même dans sa propre communauté, des contre-courants s'accentuaient.

La bande d'amis qui errait ici et là à peu près sans plan était devenue depuis longtemps un mouvement puissant qui comptait des milliers d'adhérents et exigeait une organisation prévoyante. Il y avait un ordre de religieuses, les Clarisses, et un «tiers ordre» pour les laïcs mariés qui s'engageaient à une vie de paix et de réconciliation et renonçaient au port d'armes. L'absence totale de possessions exigée par François et la proscription pour les sciences des Frères mineurs rencontraient un refus croissant.

François se défendit en vain contre la tendance à une organisation solide, contre l'assimilation de sa communauté aux ordres déjà existants. Des maisons fixes surgirent; dans la dernière version de sa règle, approuvée par le pape, François dut accepter des atténuations de son idéal originel. Après des années de combat, il se retira finalement de la direction de l'Ordre.

On a toujours présenté cette renonciation à sa fonction comme un humble accommodement. Mais il n'en fut pas ainsi. «Je ne veux pas que vous me nommiez quelque règle ou quelque forme de vie en dehors de celle que m'a donnée le Seigneur», protesta-t-il devant une équipe rassemblée et souhaita, furieux, à ses savants adversaires que Dieu les anéantisse dans leur sagesse et leur science épatantes. Silence consterné dans le groupe.

Frère Léon, l'un de ses premiers compagnons et aussi l'un des plus aimés, se rappelle la plainte amère de François sur ces Frères qui «vident mes mots de leur substance» et, avec une autorité scientifique, les répartissent en consignes perpétuellement valables et en conseils dépassés. Marqué par la mort, François se cabra sur son lit et s'écria: «Qui sont ces hommes qui ont arraché mon Ordre de mes mains?»

Ne parle pas ainsi celui qui s'est accommodé de tout dans un dévouement tranquille. François avait éprouvé des craintes terribles pour l'avenir de sa communauté. Et les stigmates extraordinairement bien attestés, les plaies du crucifiement du Christ qu'il reçut vers la fin de sa vie dans la solitude de la montagne de La Verna, on pourra aussi les considérer comme des plaies que sa propre Église lui a infligées. Car toujours, lorsque l'Église renie les pauvres et aspire à la propriété, au pouvoir, à la domination et à la sécurité, elle crucifie de nouveau celui qui veut être sa seule richesse et son unique sécurité.

C'est une tout autre question de savoir si l'institutionnalisation de l'«autre vie» si spontanément épanouie à Assise n'a pas sauvé ce précieux trésor pour l'avenir. Si ce n'est pas la «sagesse papale» qui a préservé le mouvement franciscain d'un rétrécissement à une «secte sèche et inférieure», comme le suppose Chesterton.

Un ordre solide, un règlement strict agissant comme protection et non comme chaîne? Un maniement plus doux, flexible, du vœu de pauvreté comme signe d'un réalisme philanthropique, non comme trahison du fondateur?

L'évolution ultérieure invite plutôt au scepticisme: cent ans plus tard, le pape Jean XXII annonce que ce serait une doctrine erronée de prétendre que Jésus et les Apôtres n'aient possédé aucune propriété. Depuis longtemps, de somptueuses églises et des maisons d'études généreusement meublées appartiennent aux Franciscains, et bientôt l'Ordre fera des opérations de crédit et exigera des intérêts de dix pour cent. En 1318, les premiers Frères mineurs meurent sur le bûcher, à Marseille. Ils ont pris trop à la lettre la question de la pauvreté radicale. Exactement trente ans auparavant, un premier Franciscain est monté sur le trône papal, un mécène et un fondateur d'universités, financièrement dépendant de la famille noble des Colonna.

Francesco Bernardone, *io picciolino vostro fra Francesco*, comme il s'appelait, «votre petit frère François», ne devait plus être témoin de cela. Il s'éteignit à 44 ans. Dans les derniers temps, il souffrait de malaria, d'ulcères d'intestin et d'estomac, d'anémie, d'hydropisie, de douleurs rhumatismales, de dépressions et d'une ophtalmie extrêmement douloureuse. Les médecins impuissants le maltraitèrent avec des fers rouges aux tempes et aux oreilles. Lorsque des experts, il y a peu de temps, examinèrent ses restes mortels, ils découvrirent des marques évidentes de sous-alimentation.

Pendant qu'il écrivait le célèbre «cantique des créatures» — peut-être la prière la plus sereine que connaisse la chrétienté — il gisait au milieu de douleurs terribles et presque aveugle dans une misérable hutte de jonc. À la nouvelle du médecin qu'il n'avait encore qu'une couple de mois à vivre, François répondit par ce cri: «Sois bienvenue, sœur mort!» Et aussitôt il joignit une dernière strophe au «cantique des créatures»:

«Loué sois-tu, mon Seigneur,
pour notre sœur la Mort corporelle,
à qui nul homme vivant ne peut échapper.
Malheur à ceux qui meurent en péché mortel;
heureux ceux qu'elle surprendra en ta très sainte volonté,
car la seconde mort ne pourra leur nuire.»

Dans les derniers mois de sa vie, François a été soigné au palais épiscopal d'Assise. Mais lorsqu'il sentit que la fin approchait, il se fit transporter dans l'humble petit cloître de la Portioncule et poser nu sur le plancher froid. Ainsi mourut-il, le 3 octobre 1226.

Deux ans plus tard, le pape Grégoire XI vint à Assise, pour canoniser François et poser la pierre angulaire de la magnifique église qui contient son tombeau. Une luxueuse basilique, une accumulation cyclopéenne de murs entassés et d'édifices emboîtés les uns dans les autres, une église à la manière d'une citadelle, c'est le dernier lieu de repos du prédicateur ambulant sous-alimenté, Francesco Bernardone.

L'évangile et rien d'autre

Où se trouve la source d'énergie d'une vie aussi pauvre qu'entraînante? Où se trouve le secret pour qu'une poignée de missionnaires populaires errants et de travailleurs d'occasion puisse devenir l'une des plus fortes communautés religieuses de l'histoire de l'Église, avec encore aujourd'hui 38 000 Frères, malgré le vieillissement et le manque de recrutement?

La règle franciscaine donne la réponse, cette règle finalement coulée, après de dures luttes, dans des formes solides, mais dont aussi la dernière version officielle n'est guère plus qu'un concentré de l'évangile:

«Voici la règle et la vie des Frères: vivre dans l'obéissance, célibataire et sans propriété, suivant la doctrine et les traces de Notre Seigneur Jésus Christ, qui dit: 'Si tu veux être parfait, va, vends ce que tu possèdes, donne-le aux pauvres, et tu auras un trésor dans les cieux. Puis viens, suis-moi!'»

Et encore: «Tous les Frères doivent s'efforcer d'imiter l'humilité et la pauvreté de Notre Seigneur Jésus Christ. Et ils doivent prendre à cœur que de tout l'univers nous ne nous servions, comme dit l'Apôtre, de rien d'autre que de la nourriture et du vêtement; nous voulons nous contenter de cela.»

C'est tout. L'évangile et rien d'autre. Dieu et personne d'autre.

Il n'y a pas d'extra, pas de spiritualité particulière, spéciale aux Franciscains. Il n'y a que l'évangile — mais pris radicalement, sans moyens, sans porte de derrière, sans juste milieu en or. C'est la passion, non la sage pensée qui détermine l'action de François et de ses Frères. La même passion qui imprègne son expérience de Dieu, sa relation à Jésus.

Par endroits, sa règle se lit comme la mélodie d'un troubadour amoureux: il veut aimer Dieu «en toute joie, en toute tendresse», de tout son cœur et de toutes ses forces. «Il est la plénitude du bien, tout bien, tout le bien, le vrai et le plus grand bien, lui seul est bon! Tendre et bienveillant, aimable et doux... Rien ne doit nous embarrasser, rien ne doit nous séparer, rien ne doit nous désunir. Partout, en tout lieu, à toute heure, en tout temps, quotidiennement et inlassablement, nous voulons, sincères et humbles, croire au Dieu éternel très haut et très sublime, le conserver dans nos cœurs, l'aimer, le vénérer et l'adorer...»

Un de ses compagnons prétend avoir remarqué une fois comment toute une nuit, jusqu'au matin, François, les mains levées vers le ciel, a répété sans cesse les seuls deux mots:

«*Iddio mio! Iddio mio!*» «Mon Dieu.»

Exaltation mystique? Bien peu probable. Les névrotiques religieux ne sont pas des gens aussi pleins de tempérament, tournés vers le monde et le prochain comme François. En lui, il n'y a rien de désagréablement fanatique. Nous rencontrons un radical souriant, qui ne condamne pas les riches, écumant de rage, mais appelle simplement les gens à une autre vie et avec cela en tire beaucoup plus efficacement le sol sous les pieds des puissants.

«Que personne de vous ne se laisse entraîner à la colère ou au scandale», a-t-il averti ses amis, «mais que chacun par sa douceur amène les autres à la paix, la bonté et la sympathie. À ceci nous sommes appelés: guérir les blessés, soutenir les infirmes, ramener les égarés. Plusieurs que nous pensons appartenir au démon sont, une fois encore, transformés en disciples du Christ!»

Altissimo, onnipotente, bon Signore, très haut, tout-puissant *et bon Seigneur, à toi louange, gloire, honneur, et toute bénédiction; loué sois-tu, mon Seigneur, avec toutes tes créatures, spécialement messire le frère Soleil, qui fait le jour et par qui tu nous illumines; il est beau, rayonnant avec une grande splendeur: de toi, Très-Haut, il est le symbole. Loué sois-tu, mon Seigneur, pour sœur Lune et les étoiles; dans le ciel tu les as formées, claires, précieuses et belles. Loué sois-tu, mon Seigneur, pour frère Vent, et pour l'air et les nuages, pour l'azur calme et tous les temps par lesquels tu donnes soutien à tes créatures. Loué sois-tu, mon Seigneur, pour sœur Eau, qui est très utile et humble et précieuse et chaste. Loué sois-tu, mon Seigneur, pour frère Feu par qui tu éclaires la nuit: il est beau, joyeux, indomptable et fort. Loué sois-tu, mon Seigneur, pour sœur notre mère la Terre qui nous porte et nous nourrit...*

                                        Cantique des créatures

Naturellement François a aussi commis des fautes et montré des faiblesses, car les saints ne sont pas des anges, mais des hommes qui doivent se faire violence. Contre les déviés religieux, il se montre parfois dur et impatient jusqu'à la tyrannie. Que les Frères mineurs aient bâti une maison à Bologne — un affront manifeste contre la vie vagabonde du temps du début — le troublait tellement qu'il les mit tous dehors, les malades inclus. Il maudit le supérieur de la province de Bologne, qui soutenait la construction de la maison, et même peu de temps avant sa mort, il refusa de se réconcilier en disant: «Je ne puis pas bénir celui que Dieu a maudit, et ainsi il demeure maudit!»

Il défendit catégoriquement aux Frères la possession de livres — même s'il éprouvait un grand respect pour les théologiens et mettait à l'abri comme un trésor toute feuille de papier égarée. Son arrière-pensée: connaissances littéraires et érudition entraînent trop facilement à l'arrogance et détournent le regard de Celui qui tout seul doit être pour les chrétiens le chemin, la vérité et la vie.

«Il se permettait à peine ou seulement très rarement la dégustation de nourriture cuite», note Thomas de Celano sur son autodiscipline ascétique, «et lorsqu'il se l'offrait, il la gâtait avec de la cendre ou lui enlevait le bon goût avec de l'eau froide.» Par sa façon de vivre, il a systématiquement ruiné son corps, le «frère âne» (François).

Il était des plus durs envers lui-même: alors que gravement malade il oublia un moment son jeûne strict et dévora une couple de bouchées de poulet, il se fit attacher par un compagnon une corde au cou et traîner à travers la ville. Plein de reproches, le Frère devait annoncer aux passants: «Regardez-le, le viveur, qui s'est gavé de viande de poulet!» Par la suite, les citoyens devinrent «contrits de cœur» et excités à une vie meilleure, remarque le biographe. Cette analyse est peu convaincante, le biographe s'efforçant visiblement de donner un sens à cet étrange comportement.

Et comme il avait une fois fait tort au Frère Bernard — même si ce n'était qu'en pensée —, il se jeta à ses pieds et commanda au compagnon effrayé de lui mettre le pied à la gorge et de l'injurier de toutes ses forces. «Reste là, coquin», devait dire Frère Bernard, «toi, fils propre de Pietro Bernardone, d'où as-tu cette prétention, créature bien ordinaire?»

Celui qui sait vraiment comment le vivant François aimait jouer avec tout et regarde les effets dramatiques des thérapies de groupe aujourd'hui, verra en ses agissements plutôt un signe de vitalité insouciante que le produit d'un cerveau malade. Malgré toute sa dureté conséquente, Frère François était aussi capable de se réjouir follement de la pâtisserie sucrée qu'avait l'habitude de lui apporter Madame Jacoba de Settesoli.

Il lui fit même une fois ouvrir la porte du petit monastère de la Portioncule, «car pour Frère Jacoba, la clôture disposée pour les femmes ne vaut pas», constata-t-il sans hésiter et fit, sans tarder, de la dame «un confrère».

Peut-être doit-on jouer un peu, parfois, avec des règlements de fer, pour se protéger d'une sourde irritation.

Comme le fit François, cette nuit-là, en temps de jeûne, alors que les Frères furent éveillés par un haut gémissement et des lamentations: l'un d'eux se tordait désespérément sur son lit et se plaignait qu'il avait terriblement faim et qu'il devait justement en mourir. Souriant, François lui prépara quelque chose à manger et invita tout le monde au repas, pour ne pas humilier le Frère qui avait faim. Après cela, il mit en garde contre les jeûnes exagérés et estima qu'un estomac a parfois plus besoin de nourriture qu'un autre.

Ce qui nous étonne dans la relation de François à Dieu, c'est son caractère immédiat. Tout est joie, enthousiasme, proximité; il n'y a pas de place pour une bigoterie ennuyeuse ou une théorie hautement piquée.

Cela imprègne aussi la communauté franciscaine. Son but se laisse résumer en deux phrases: en Jésus Christ, Dieu vient à nous, hommes, et se rend saisissable. C'est pourquoi il s'agit de trouver le Christ en tout — dans les hommes, dans les natures vivantes, même dans les choses inanimées.

«Dans toutes les oeuvres, il louait les mains du Seigneur», se rappelle encore Thomas de Celano, «et à travers ce qui s'offrait d'agréable à l'oeil il regardait l'origine vitale des choses. Dans le beau, il reconnaissait le Très Beau lui-même. Tout ce qui est bon lui criait: 'Celui qui nous a créés est le Meilleur!' Sur les traces qui sont gravées dans les choses, il suivait partout le Bien-Aimé et faisait de tout une échelle pour parvenir à son trône.»

La foi de François est, à cause de cela, sensible, tournée vers le monde; autrement le pauvre d'Assise serait difficilement devenu l'inventeur de la crèche de Noël. Sans cesse il mettait des jeux en scène pour élucider sa prédication.

La célébration de Noël de 1223, qu'il prépara dans une grotte près de Greccio, sur les pentes des montagnes de Sabine, devait devenir aussi un tel «jeu». «Je veux célébrer la mémoire de cet enfant né à Bethléem», confia-t-il à l'un de ses bons amis, «et je voudrais voir de façon aussi saisissable que possible avec les yeux du corps l'amère misère qu'il eut à souffrir déjà comme petit enfant, comment il fut placé dans une crèche, où se trouvaient le bœuf et l'âne, et comment on le coucha sur du foin.»

Lorsque la Sainte Nuit fut arrivée, les gens du voisinage se rendirent en pèlerinage à la grotte cachée avec les Frères de plusieurs établissements franciscains, portant des cierges et des flambeaux, «pour éclairer la nuit qui avait éclairé tous les jours et toutes les années avec des étoiles étincelantes» (Thomas de Celano). Une crèche avait été apprêtée avec du foin; le bœuf et l'âne s'y trouvaient, les voix des Frères qui chantaient résonnaient à travers la forêt.

Tandis qu'à la pauvre crèche un prêtre célébrait un office solennel, François chantait l'évangile et prêchait aux assistants «sur la naissance du pauvre roi»; il était visiblement ravi et faisait fondre cérémonieusement sur la langue les noms de «Jésus» et de «Bethléem»; comme les sources le rapportent, «Greccio devint pour ainsi dire un nouveau Bethléem. La nuit devient claire comme le jour et elle devient un ravissement pour hommes et bêtes... L'Enfant Jésus était oublié dans bien des cœurs. Là, il fut de nouveau éveillé avec sa grâce par son saint serviteur François et inculqué de façon à ce que la mémoire se le rappelle plus facilement.»

Cette application à se porter devant les yeux les récits de

la bible d'une façon très sensible et plastique correspondait naturellement aussi à une tendance de l'époque. Les croisés avaient raconté beaucoup de faits de Palestine, et l'on se sentait plus près des lieux où avait vécu Jésus, où il était né et avait été crucifié.

Devant la croix, François découvre que son existence ne doit pas être l'existence solitaire de l'ermite quelque part, dans une cellule cachée. Le Christ est allé aux hommes et est mort pour tous. C'est pourquoi François se sait envoyé dans le monde. «Le monde est notre monastère», diront plus tard ses Frères. Aussi fonde-t-il une communauté et demande-t-il à ses compagnons de vivre l'amour qu'ils ont eux-mêmes expérimenté:

«Heureux l'homme qui supporte son prochain dans toute son insuffisance, comme il veut être supporté par lui dans sa propre faiblesse... Heureux le serviteur qui aime et respecte son Frère de la même manière quand il est éloigné que quand il est avec lui, et qui ne dit rien derrière son dos qu'il ne pourrait dire aussi devant lui.»

La propriété isolée

Trouver Jésus et aimer les hommes est impossible lorsque quelqu'un est attaché à ses possessions, à son propre pouvoir sur les choses. C'est pourquoi la pauvreté est l'alpha et l'oméga de cette communauté. La propriété isole, c'est l'expérience fondamentale de François. Mais il voudrait s'ouvrir aux hommes! Les fausses sécurités dérangent le don de soi à Dieu. Mais il voudrait être tout à fait libre pour son Seigneur bien-aimé.

Un jour, raconte une histoire qui peut être aussi bien vraie que fausse, la mère de deux Frères est venue à lui. Elle s'est trouvée dans le besoin et a demandé l'aumône. Mais la communauté ne possédait rien d'autre qu'un Nouveau Testament.

Il faut être conscient de la grande valeur que représentait une telle possession longtemps avant l'invention de l'imprimerie. Dans les ateliers de tirage des monastères, on avait besoin de toute une année pour copier un exemplaire de l'Écriture Sainte. Un professeur d'université aurait pu de son salaire annuel complet se faire copier exactement dix livres, — plus minces que la bible.

Mais François dit à un Frère, simplement, à sa façon:

«Donne à notre mère le Nouveau Testament. Elle doit le vendre pour subvenir à ses besoins, car le livre nous avertit de venir en aide aux pauvres. Je crois qu'il plaît à Dieu que nous le donnions que nous ne le lisions!»

Les Frères mineurs doivent être une communauté radicalement pauvre. Non seulement l'individu doit, selon la volonté du fondateur, ne rien posséder, mais la communauté doit être pauvre.

«Lorsque les Frères vont dans le monde», lit-on dans la première version, non officielle, de la règle, «ils ne doivent rien apporter en route, aucun bagage de mendiant, aucun sac de provisions, pas de pain, pas d'argent, pas de bâton.» Une citation mot à mot de l'évangile de Luc. Dans la version définitive, cette phrase est disparue.

Lors de la discussion mentionnée plus haut sur la possession des livres, François, irrité, aurait reproché aux Frères: «Vous voulez passer aux yeux des hommes comme des gens qui suivent l'évangile, mais en vérité vous êtes des caissiers de la trempe de Judas!»

Les Frères ne doivent posséder ni maison, ni provisions, ni équipement de voyage, naturellement encore moins d'animal de selle. François ne veut pas prêcher l'évangile aux pauvres du haut de son cheval, comme c'était alors la mode au XIIIe siècle.

Mais l'interdiction de posséder de l'argent s'avère des plus difficiles à suivre car elle est promulguée précisément à l'époque où l'économie monétaire se fortifiait avec puissance. Pendant que les maisons de commerce italiennes établissent des firmes affiliées et des entrepôts dans tout l'Occident, des Flandres à la Grèce et au-delà, dans les pays de l'Islam et de l'Asie, pendant que dans les comptoirs et les banques les espèces sonnantes s'accumulent et que le trébuchet appartient aux bagages, François place la nouvelle idole de son temps au même niveau que le fumier.

Car c'est une des plus dures histoires qui soient racontées des premières années des Frères mineurs: un visiteur a déposé une pièce de monnaie devant le crucifix de la Portioncule, une offrande qui part d'une bonne intention, qu'un Frère transporte dans la niche de la fenêtre. François met aussitôt en scène l'un de ses enseignements: le Frère inattentif, qui a touché l'argent méprisé avec la main, doit enlever avec sa bouche la monnaie du rebord de la fenêtre et la déposer en dehors du domaine du monastère — toujours avec la bouche — sur un tas de fumier d'âne.

C'est ainsi que le pauvre chrétien d'Assise dégradait le capital — un sacrilège que les bonnes gens d'Église et les chrétiens du monde conscients de leur responsabilité peuvent bien encore aujourd'hui à tout le moins lui pardonner. «Nous ne pouvons pas», dit la règle de François, «nous servir d'argent ni de monnaie plus que de pierres. Et ceux qui le désirent ardemment ou le tiennent plus précieux que les pierres, le diable cherche à les éblouir!»

Les Frères doivent accepter comme salaire ou aumône des œufs, du pain et du lait, rien de plus. Ils ne peuvent pas mettre de vêtements dispendieux — ce qui, néanmoins, ne doit pas conduire à l'arrogance puritaine des élus. François: «Je vous préviens et mets en garde de mépriser et de condamner les gens qui portent des vêtements soyeux et de couleur et se livrent au plaisir des plats exquis et des boissons. Chacun doit beaucoup plus se condamner et se mépriser.» Car Dieu a le pouvoir de justifier ceux qui font bombance.

Une communauté pauvre doit partager la vie des mendiants et des exclus. François et ses Frères ne choisissent pas la pauvreté d'abord pour protester, mais parce que, dépouillés de tout, ils veulent suivre le crucifié qui n'appelle rien sa propriété. La pauvreté comme moyen d'imitation. La pauvreté comme présupposition de la liberté. Les Frères ne doivent pas en avoir honte, «parce que le Seigneur s'est fait pauvre dans ce monde par amour pour nous» (François).

Mais ils savent aussi que la possession déshumanise, corrompt. Pourquoi ne veulent-ils donc absolument aucune propriété, demande, étonné, l'évêque d'Assise; et il reçoit du fils de Pietro Bernardone l'argument convaincant: «Monseigneur, si nous avions une propriété, nous aurions besoin d'armes pour notre défense. Mais de là viennent les querelles et les disputes, dont souffre si souvent l'amour de Dieu et les hommes. C'est pourquoi, en ce monde, nous ne voulons d'aucune propriété.»

Ô Reine Sagesse! Que le Seigneur te protège par ta sainte sœur, la pure simplicité. Sainte Dame Pauvreté! Que le Seigneur te protège par ta sainte sœur, l'humilité. Sainte Dame Amour! Que le Seigneur te protège par ta sainte sœur l'obéissance. Vous, très saintes vertus, que le Seigneur vous protège toutes. De lui vous venez, à lui vous retournez.

Mais cela signifie que la parole sincère de la pauvreté spirituelle des Frères mineurs, orientée vers l'intérieur, fait la force explosive de cette existence de témoignage, sa teneur politique. La pauvreté telle que vécue par saint François devient automatiquement une condamnation d'un luxe qui profite à peu aux dépens de beaucoup. Naturellement, c'est le parti de François. Évidemment il se tient du côté des petits et des asservis et dit au monde: Voyez, là est mon pauvre Dieu!

Et parce que le pouvoir signifie servitude aussi bien que possession, il veut une communauté fraternelle sans hiérarchie. La règle dit: «Toujours là où se trouvent et se rencontrent les Frères, ils doivent se comporter entre eux comme les gens de la maison. Chacun doit faire connaître à l'autre ses besoins en toute confiance...»

«Pareillement aucun Frère ne doit exercer de pouvoir ou de domination envers les Frères» — encore une fois, seule la première règle, non confirmée, l'énonce avec une telle clarté. «Le Seigneur dit clairement dans l'évangile: 'Vous le savez, les chefs des nations les tiennent sous leur pouvoir et les grands, sous leur domination (Mt 20, 25)! Entre Frères, il ne doit pas en être ainsi... Que personne ne soit nommé 'premier'. Tous doivent simplement s'appeler 'Frères mineurs'.»

François profère également la menace: «Malheur au religieux qui, placé au sommet par les autres, ne veut pas librement descendre!» La fonction, que finalement François n'a pu éviter, doit fortifier les Frères, non pas les réglementer. Aussi selon la règle ajustée, approuvée par le pape, il n'y a pas de *prieur* (ce qui signifie «le premier») chez les Franciscains, mais simplement un *ministre,* ce qui signifie «serviteur». Et dont le «mandat de gouverner» est contrôlé par la base:

«Tous les Frères qui sont sous les ordres des ministres et des serviteurs doivent observer de façon raisonnable et attentive l'agir des ministres et des serviteurs. S'ils remarquent que l'un d'eux chemine de façon charnelle et non spirituelle, comme le demande notre règle, et si après le troisième avertissement il ne s'améliore pas, ils doivent le faire connaître au ministre et au serviteur de toute la communauté, lors du chapitre de la Pentecôte et ne s'en faire retenir par aucune considération.»

Et si les autres ministres provinciaux sont convaincus qu'il nuit au bien de la communauté, il peut être démis de ses fonctions.

Comme le montrent ces prescriptions pour le contrôle des ministres, François ne fait aucune révolution *contre* l'Église, mais *dans* l'Église. Le libre charisme doit s'incorporer à l'Église, un vœu d'obéissance lie les Franciscains au pape.

François exige des Frères le respect envers le clergé: «Heureux le serviteur qui a confiance aux clercs qui en vérité vivent conformément à la sainte Église romaine. Malheur à ceux qui les méprisent! Car peuvent-ils aussi être pécheurs, il n'appartient à personne de les juger. Le Seigneur seul se réserve de les juger.»

Mais il peut aussi dire de façon toute souveraine: «Nous sommes envoyés comme des aides aux ecclésiastiques pour le salut des âmes, afin que nous remplacions ceux qui échouent.» On peut mieux sauver les âmes de façon pacifique qu'en lutte avec le clergé. François: «Si vous êtes fils de la paix, vous gagnerez au Seigneur le clergé et le peuple. Ça lui plaît plus que si vous ne gagnez que le peuple mais mettez le clergé en colère. Couvrez ses fautes, comblez ses multiples carences, et l'avez-vous fait, soyez très humbles!»

Ce qu'il veut dire est clair comme le jour: le clergé a besoin de conversion. Mais cela ne doit pas entraîner les Frères mineurs à l'arrogance. Ils sont tous pécheurs.

Le monde s'écroule

Non, François ne fait pas de révolution bourgeoise, il n'organise pas non plus le prolétariat en guenilles et sans propriété. Mais, quand il donne contre toutes les évidences et fait de la folie le chemin de l'évangile, un nouveau peuple grandit avec lui, pauvre et conscient de soi, sachant Dieu à son côté. Car le signe de Dieu n'est pas la pompe, ni la splendeur, ni le succès mondain, mais le cœur ouvert et sans défense des pauvres. Face à une telle vie, le partage de la société en maîtres et valets est tout simplement ridicule.

Et les puissants sentirent justement comment ce sordide vagabond pouvait encore leur devenir dangereux. «Les Frères de saint François se sont élevés avec force contre nous!» se plaignait, plein de pressentiments, Frédéric II, l'empereur des Hohenstaufen, qui rêvait d'une nouvelle édition de l'empire romain. Des maires italiens de village se révoltèrent contre l'interdiction du port des armes et du serment des armes que François avait promulguée pour les laïcs de sa communauté et qui manifestement confondait dûment l'ordre du service militaire.

François n'eut pas peur non plus de brusquer des princes de l'Église, comme le cardinal Ugolino, le protecteur de son Ordre. Il apparut à un banquet organisé par Ugolino, avec un sac de mendiant, prit place près du cardinal et distribua ensuite imperturbablement les aumônes mendiées à la distinguée société mise à la gêne. Dans le cercle de ses amis et avec du mauvais pain d'orge, il se sent mieux qu'à une si noble table, aurait-il répondu aux reproches du cardinal.

Même une fois, à la cour papale, oubliant le discours bien composé et étudié, il prêcha, intrépide, sur l'arrogance des grands seigneurs de l'Église et sur leur mauvais exemple. Son zèle ardent «ébranlait les montagnes», remarque le chroniqueur dans une allusion au dur caractère des cardinaux de la curie, et beaucoup ont été «contrits du fond du cœur».

La contrition, cependant, ne tint pas longtemps. Cent ans plus tard, le pape Jean XXII posa des limites à des Franciscains trop radicaux et en livra quelques-uns au bûcher. «La pauvreté est une grande chose», lit-on dans la bulle papale qui en fait partie, «mais plus grande est la conduite sans reproche, et le plus grand bien est l'obéissance parfaite.»

François n'avait pas voulu de conflit dans l'Église. La tâche des Frères mineurs devait être de créer la paix — dans la société, mais aussi avec la nature. François savait que toutes les créatures et toutes les choses du monde sont solidaires et ordonnées les unes aux autres. C'est pourquoi sa communauté devint le premier mouvement «vert» de l'histoire. Qu'il ait dit aux animaux «Frère» et «Sœur», qu'il ait couru à travers la forêt et embrassé les arbres, n'a pas été une lubie puérile, mais a jailli de sa volonté de vivre à l'unisson avec toute la création.

Voir des images de Dieu dans les êtres vivants n'était pas nouveau et correspondait à l'attitude médiévale. Mais, chez François, on ne trouve aucune trace de la crainte que cette époque présentait à la nature encore largement inexplorée et menaçante. «Il embrassait tout avec un don et un amour inouïs», écrit Thomas de Celano, oui, en lui s'irradie cette bonté qui, un jour, sera tout en tous dans le nouveau monde de Dieu.

«C'était comme l'entrée du printemps dans le monde», c'est le regard rétrospectif que la *Légende des trois compagnons,* vieille comme le monde, jette sur la vie de François. Aujourd'hui, huit siècles après sa mort, le pauvre d'Assise appartient toujours au passé vivant de l'Église. Il demeure comme un clou dans notre conscience, un rappel incommode de l'évangile et une question sur ce que nous devons en faire.

Cela apporte peu de poursuivre joyeusement l'exposé des événements qui suivirent: comment de la douce révolte de saint François se forma en peu de temps une nouvelle variante du vieil Ordre, comment on remplaça l'alternative radicale par un compromis plus flexible. Comment les Franciscains — par exemple — tombèrent sous la dépendance de bailleurs de fonds qui acquittaient les dépenses de l'Ordre et en entretenaient les comptes, sans que le vœu de pauvreté ne soit formellement rompu.

Mais cela apporte peu, comme on a dit. François demeure

un défi pour nous aujourd'hui et le regard rétrospectif de l'histoire ne peut pas devenir un alibi pour nous dérober aux tâches actuelles.

La plus urgente de ces tâches est de réaliser enfin l'Église pauvre, et cette tâche est aujourd'hui aussi irrésolue et nécessaire qu'au temps du vivant de saint François, à qui l'hymne à «Dame Pauvreté» est attribué:

«Nous nous jetons à tes pieds et te supplions humblement: mets-toi à notre portée. Sois pour nous le chemin pour parvenir au roi de magnificence, comme tu en as été le chemin pour lui. Conclus la paix avec nous et nous serons sauvés afin que par toi nous accepte celui qui par toi nous a achetés.»

De courageux Franciscains missionnaires au Brésil peuvent peut-être ainsi prier. Ils partagent le lot des *Campesinos,* des travailleurs agricoles, ils ont faim et sont persécutés par les puissants. Des chrétiens de l'Ouest qui se sont éveillés et qui ont commencé à verser une part de leur profit à ceux qui ne possèdent même pas le strict nécessaire peuvent timidement ainsi prier. Mais qu'en est-il de nous, qui nous faisons beaucoup plus de soucis pour notre plan d'épargne-logement, nos comptes et nos ameublements que pour le règne de Dieu et avançons que le pape aussi met sa confiance dans des actions boursières?

François peut nous aider à apprendre de nouveau que seule une Église pauvre est l'Église du Christ. À apprendre que l'évangile ne peut pas être gardé et réalisé quelque part à côté de la vie «normale», mais qu'il doit imprégner et changer tout notre style de vie, car autrement il n'est que pur discours.

Mais il faut aussi apprendre de François que l'Église ne provient pas de belles déclarations d'intention ni d'un nouveau choix de vocabulaire, mais qu'elle a ses présuppositions structurelles. Les deux sont à changer: notre vie privée et l'institution.

Il faut aussi entendre, sur ces entrefaites, des propos à la fois modestes et autocritiques de l'Ordre des Franciscains. En 1982, le congrès missionnaire de Mattli se souvint du vœu du fondateur, «que ses Frères demeurent au niveau du peuple et n'aspirent à aucune position plus élevée. Nous avons dans l'Église une tâche particulière à remplir, à savoir: être une communauté vivante de Frères et de Sœurs qui cheminent ensemble et ainsi présentent la bonté de Dieu pour tous les hommes. C'est pourquoi nous voulons chercher et aimer la base et ne pas vivre seulement *pour* le peuple, mais aussi *avec* le peuple.»

Si les Franciscains vivaient ainsi, ils enlèveraient toute raison d'intervention à l'auteur spirituel connu Carlo Carretto, qui fait parler saint François lui-même à ses Frères d'aujourd'hui en ces termes:

«Tout à fait merveilleuses, ces basiliques! Vous êtes très habiles... Vous jouez avec les pauvres et trichez... Vous vivez à une époque bizarre, contradictoire, équivoque. Plus vous êtes riches, plus vous parlez de pauvreté, plus vous êtes bourgeois, plus 'joue' votre Église pauvre, plus vous parlez de communauté, plus vous vivez isolés et séparés. Un océan, mais chez vous véritable, se trouve entre ce qui est dit et ce qui est fait. C'est l'océan de votre bavardage, où vous vous noyez encore... C'est terrible comme vous êtes sévères, durs, radicaux. Dommage seulement que cette dureté, radicalité soit toujours dirigée contre les 'autres'. Jamais contre vous-mêmes.»

Nous pouvons apprendre de François comment nous éloigner de cela. Nous pourrions de nouveau découvrir l'évangile comme s'adressant à nous personnellement, nous pourrions trouver en Jésus de Nazareth le centre de notre vie. Nous pourrions apprendre une existence dégagée, libérée d'accessoires. Une ascèse de consommation qui a ses racines dans une nouvelle appréciation des choses. Un rapport crédible à l'environnement qui est plus qu'une exaltation passagère pour la nature. Une attitude qui, sans doute, aurait ses répercussions loin dans la sphère politique.

«Essayez de vous imaginer que nous sommes tous frères», nous encourage Carlo Carretto. «Une proposition grandiose. Le projet de François — en ferions-nous usage maintenant — nous épargnerait l'apocalypse atomique. Il en est toujours ainsi: Dieu propose la paix. Pourquoi ne devrions-nous pas l'essayer?»

La charmante mystique

Catherine de Sienne (1347-1380)

UNE FILLE DE TEINTURIER
MONTRE AUX PAPES ET AUX PRINCES
CE QU'EST LE COURAGE

«Sono sangue e fuoco — Je suis sang et feu.»

«Ne vous contentez pas de petites choses, Dieu attend de grandes choses!»

Essayez d'imaginer ceci aujourd'hui: une jeune femme très engagée, mais encore immature, est interrogée par un reporter de la télévision sur sa relation à l'Église et elle commence à invectiver comme une mégère contre le clergé impuissant:

«Vous êtes pingres, cupides, avares! dans votre vanité débridée, vous bavardez et vous ne visez qu'au bien-être. Malheur à votre misérable vie! Ce que le Christ a acquis au bois de la croix, vous le gaspillez avec des putains. Temples du démon! Les clercs sont des brins de paille et non des colonnes de l'Église. Ils exhalent une puanteur avec laquelle ils empestent tout l'univers!»

Probablement que le rédacteur du studio de télévision, indigné, lui fermerait le microphone dès les premiers mots.

Que l'on s'imagine simplement ceci aujourd'hui: la même jeune dame, sans aucune formation scolaire, et pour autant très impolie avec son accent populaire, bombarde le pape, au Vatican, de lettres pleines de colère et le somme de réformer l'Église tombée bien bas:

«Ne soyez pas un nourrisson peureux, mais un homme! Dieu vous ordonne de procéder sévèrement contre l'excès de perversité de tous ceux qui se gavent dans le jardin de la sainte Église. Déracinez les fleurs qui sentent mauvais! J'entends par là les mauvais pasteurs et administrateurs qui empoisonnent ses jardins. Les évêques doivent chercher Dieu, au lieu de vivre comme des pourceaux.»

Quelque Monsignore, qui trie le courrier papal, ferait disparaître discrètement les lettres impudentes.

Que l'on se représente, en troisième lieu, la jeune dame à la nuque raide — pourvue d'une soif indomptable de justice, mais politiquement démunie — écrivant encore maintenant ses lettres au président de l'État également, aux chefs de junte et aux généraux de putsch de tout l'univers. Et ces hommes de pouvoir seraient aussi avertis par elle très sérieusement:

«Entrez en vous-mêmes! Pensez à la mort et à son incertitude. Soyez des pères pour les pauvres, comme des administrateurs de ceux que Dieu vous a confiés. Ne réfléchissez-vous donc pas à votre grande responsabilité pour le mal commis, si vous refusez de faire ce qui est en votre pouvoir? Quel bousillage satanique est aux yeux de Dieu cette guerre entre frères. Cessez ces stupidités!»

Quelque secrétaire empressé dans les antichambres du pouvoir mettrait également de côté, en hochant la tête, ces naïves effusions. Il y aurait de toutes façons une de ces réponses imprimées d'avance et qui ne disent rien, paraphée par un dirigeant ministériel: «... Monsieur le Président vous remercie de tout cœur pour l'expression de votre opinion. Monsieur le Président ne se voit malheureusement pas dans la situation de répondre personnellement à tous ceux qui lui écrivent une lettre...»

Personne ne prendrait au sérieux de telles lettres.

Mais notre mise en scène n'est pas un conte de fées. La jeune dame qui parlait de façon si brutale à la conscience des puissants a de fait vécu en Toscane, il y a plus de six cents ans. Sa canonnade d'invectives contre le clergé se trouve dans «Dialogue avec Dieu», qui devint plus tard une des lectures préférées du Moyen Âge. Les appels sévères à la réforme de l'Église étaient adressés au pape Grégoire XI. Et l'appel à la paix, cité en dernier lieu, aboutit au bureau du roi de France.

Et le plus épatant de cela: les lettres aussi prolixes qu'impolies de Catherine de Sienne étaient soigneusement lues à la curie papale et à la cour des princes; on leur répondait avec des répliques et des invitations.

Lorsque le pape Jean-Paul II visita l'Allemagne en 1980, la présidente diocésaine de la jeunesse catholique de Munich — une jeune femme à peu près de l'âge de Catherine — osa présenter au pape les soucis des jeunes, dans le cadre d'une rencontre avec ceux-ci: l'Église semble tenir aux conditions existantes, réagir trop sur la défensive aux questions de la jeunesse sur la sexualité et la participation; les jeunes voudraient des partenaires de discussion qui les prennent au sérieux. Ces quelques mots, courtoisement présentés, suscitèrent chez une partie des catholiques allemands un tollé d'indignation: insolence, esprit révolutionnaire, offense à l'invité de marque! Toujours est-il que le pape envoya quelques mois plus tard une réponse conciliante.

Catherine ne formulait pas dans sa correspondance avec Rome que des soucis et des interpellations. Elle rabattait les oreilles du Saint-Père avec des accusations et des reproches et faisait des déclarations formelles de guerre aux prélats et aux cardinaux. Catherine fut suspectée et considérée comme ennemie, mais personne ne lui imputa un affront. Quatre-vingts ans après sa mort, un successeur de ce pape qu'elle avait désigné «nourrisson peureux» la canonisa.

Le Moyen Âge chrétien n'a peut-être pas été aussi intolérant, aussi peu éclairé, aussi empreint de structures d'airain du pouvoir et de la soumission que nous nous le représentons toujours.

Le combat avec sa mère

Le quartier de Fontebrada n'appartient pas tout à fait aux zones résidentielles les plus distinguées de Sienne. C'est là qu'est née Catherine, en 1347, la vingt-quatrième enfant de la famille Benincasa dont le père était teinturier. Sa mère, Monna Lapa, était une maman toscane typique: forte, impétueuse, dominatrice, de tempérament éveillé, enracinée, réaliste. Le père, maître Jacopo, semble avoir été, d'après les sources, plus calme, plus sensible, un homme patient, se tenant à l'arrière-plan et qui considérait avec plus de respect les pieuses escapades de sa fille dégénérée que sa femme résolue. Catherine grandit dans des conditions simples, mais non misérables. Voisins et parents donnèrent à l'enfant frétillante un nom d'amitié: «le petit enjouement».

Le récit de la vision du Christ de Catherine, qui rappelle de façon un peu trop importune les légendes typiques des saints, nous fournit le premier coup d'œil sur la vie familiale pleine de conflits des Benincasa: Jésus Christ lui aurait apparu sur le toit de son église paroissiale, assis sur un trône, en vêtements sacerdotaux et la tiare sur la tête, souriant et bénissant.

Il est tout à fait vrai que la jeune fille a découvert tôt une autre réalité derrière son petit monde d'odeurs d'atelier, de travail cuisinier et de jeux d'arrière-cour. Il est vrai qu'il y eut par la suite des combats soutenus entre Catherine récalcitrante, entêtée et sa mère passablement autoritaire et qu'il y avait au coeur de la dispute des discussions entre les formes de vie religieuses radicales et la soi-disant saine raison humaine.

Déjà le «petit enjouement» s'enthousiasmait pour les histoires des Pères du désert égyptien et pour leur dure vie de pénitence. Un jour, elle se met un pain sous le bras et franchit la porte de la ville pour chercher le désert. Bien entendu, elle s'ennuya rapidement dans la grotte du rocher où elle voulait établir son quartier. Non moins aventureux semble son rêve d'enfant de s'introduire — à l'exemple d'une sainte légendaire — dans un monastère sous des vêtements d'homme. La tromperie aurait tout de même réussi durant trente ans à la vierge de la légende.

Dans ses années de maturité, Catherine oscillait manifestement entre un christianisme gaillard, qui n'exclut pas un flirt inoffensif, et une attitude totalement contraire, dans une ascèse presque suicidaire. Car même son biographe et confesseur, Raymond, mentionne que Catherine, sous l'influence de sa sœur préférée, mariée, Bonaventura, a commencé «à consacrer beaucoup de soins à l'entretien de son apparence extérieure». Et Frère Raymond, de la napolitaine Capoue, voulait, cependant, avec son rapport, accélérer sa canonisation et mettait naturellement les accents correspondants!

Toutefois il ne plane aucun doute que Monna Lapa désirait avoir pour sa fille non seulement très belle, mais aussi étonnamment intelligente, un gendre qui valoriserait socialement toute la famille Benincasa; il est sûr aussi que Catherine trouva plaisir à s'attifer à la mode. Cela doit être arrivé relativement tôt, car l'âge nubile commençait pour les jeunes filles, à treize ans.

Selon Raymond, cependant, cela n'alla pas au point «que Catherine ait recherché la compagnie d'un homme ou en général des hommes. Dans le proverbial style de vie léger des Siennois du XIVe siècle, c'est sans doute un exploit. Catherine, ajoute Raymond en guise d'explication, est déjà devenue à l'époque «l'épouse d'un bien plus grand époux».

On ne peut pas savoir si vraiment à sept ans — âge avancé par Raymond de Capoue — elle a fait vœu de virginité et de célibat, et si elle n'a jamais plus vacillé dans cette décision. Des jeunes filles sont parfois à cet âge inébranlablement convaincues qu'elles marieront un prince et demeureront dans un château, et aucun homme ne les rive aussi impitoyablement à leurs rêves d'enfant que le font nombre d'hagiographes en quête de miracles.

En tout cas, lorsque la chère Bonaventure, jeune et épanouie, mourut subitement de ses couches, Catherine semble avoir réalisé une volte-face lourde de conséquences. «Elle consacrait son temps à la pénitence et à la méditation», note Frère Raymond, «et évitait la rencontre des hommes.» Pour se reposer enfin des plans de mariage et des programmes d'avenir de sa famille, elle coupa, suite à une décision fulgurante, ses superbes boucles blondes (blond — un atout particulier pour une jeune Italienne attrayante!) et cacha sa tête chauve dans un fichu, ce qui allait complètement contre la mode.

Avec un talent de dramaturge, Raymond décrit la guerre familiale maintenant éclatée au grand jour: «Insolente coquette», l'a-t-on publiquement invectivée, «crois-tu que tu n'aurais plus maintenant à nous obéir? Attends, tes cheveux vont pousser de nouveau, que ça te plaise ou non! Dusses-tu en mourir, tu te marieras! Nous ne te laisserons pas la paix, jusqu'à ce que tu cèdes!»

Mais tous les moyens coercitifs ne faisaient que rendre Catherine plus entêtée encore. On lui enleva sa propre petite chambre, on fit d'elle une fille de cuisine, sans pouvoir briser sa résistance. Finalement la famille semble s'en être accommodée en grinçant des dents — sur l'insistance du père sans doute, de qui Raymond rapporte qu'il a participé le moins possible à la «démarche violente» contre la fille insoumise.

Nous pourrions supposer que Jacopo a tôt regretté sa tolérance. Catherine, une jeune fille forte, il est vrai, mais toute jeune, avait décidé d'épuiser tout l'arsenal des pratiques de pénitence médiévales. «La raison tient la sensibilité dans des limites», ainsi expliqua-t-elle plus tard ses motifs; elle entreprit soumission totale des besoins corporels à «Dame Raison».

Bien entendu, la façon dont Catherine imitait ses idoles, les Pères du désert de la chrétienté primitive, ne nous apparaît pas aujourd'hui particulièrement «raisonnable»; elle ne buvait que de l'eau, réduisait son menu à des légumes crus — déjà la simple odeur de la viande lui est devenue insupportable! — elle se bricola un lit avec des planches, portait dans la saison chaude des sous-vêtements de laine sudorifiques, se procura une ceinture de pénitence en fer qui frottait sa peau jusqu'au sang et fit l'expérience d'un quart d'heure de sommeil par jour. Trois fois par jour, elle se flagellait avec sa chaîne de fer, «une fois pour elle, une fois pour les vivants, une fois pour les morts», rapporte Frère Raymond, et il se rappelle avoir souvent dit alors: «C'est un miracle qu'après tout cela elle vive!»

Elle puisait la force pour faire cela dans la relation invraisemblablement étroite qui unit un mystique à Dieu, dans la possibilité de pouvoir faire sauter les chaînes de nos évidences et de jeter un regard dans le monde qui, après notre mort, sera notre demeure. Les entretiens avec des amis sur Dieu l'auraient alors véritablement «rafraîchie», note Raymond.

Catherine s'est exprimée plus tard de façon très autocritique sur une telle guerre contre son propre corps. «La perfection», dit-elle, «ne consiste pas à châtier ou mortifier son corps, mais à tuer sa volonté propre égarée. Les pratiques de pénitence ne doivent pas être une fin en soi, mais seulement un moyen de vaincre l'égoïsme, car «cela ne dépend que de la force de l'amour». Quel sens y a-t-il, alors, à accomplir des pénitences et à s'imaginer, pour autant, grand et rempli de Dieu et à ne pas remarquer du tout l'obscurité cachée en nous?

Non, les exercices de pénitence sont simplement un instrument à employer au bon moment et au bon endroit. Catherine: «Si le corps résiste à l'esprit trop fortement, sers-toi de la férule, du jeûne, de la ceinture de pénitence à beaucoup de nœuds, lors d'une grande veillée, et impose-lui la mesure requise pour le mater. Mais le corps est-il devenu faible, maladif, la règle de la discrétion veut qu'on ne se comporte pas ainsi. On ne doit pas être alors seulement dispensé du jeûne, mais on doit manger de la viande; si une fois par jour ne suffit pas, on en prend deux fois.»

Même les saints peuvent apprendre encore. C'est même une marque de leur nature. Les saints sont les gens les moins obstinés, les moins satisfaits d'eux-mêmes qui soient.

Mais d'abord la jeune fille de Sienne employa la rigueur ascétique contre elle-même jusqu'à l'excès. Trois ans durant, Catherine n'aurait plus parlé à ses proches et se serait complètement retirée dans sa chambre — une cellule de monastère au milieu de la grande famille Benincasa. Elle n'avait un œil ouvert que pour les pauvres, elle leur donnait (avec l'assentiment de son père) généreusement.

Avec l'inflexibilité que nous lui connaissons déjà, elle obtint d'être admise à l'âge de quinze, seize ans dans l'ordre laïc de saint Dominique, une communauté de vieilles veuves, qui furent appelées «mantellates» d'après leurs manteaux noirs. Des dames honorables, au-delà de tout soupçon, qui vivaient retirées chez elles et se réunissaient pour la prière et la charité. Tout d'abord, elles firent des mains et des pieds pour refuser l'inhabituelle recrue qui ferait tout simplement parler d'elles. Comme Catherine ne démordait pas et à tout instant envoyait sa mère récalcitrante chez les mantellates, deux vieilles sœurs furent chargées de prouver si la jeune fille n'était pas trop attrayante pour leur cercle. Heureusement Catherine était justement atteinte d'une maladie de la peau aux pustules frappantes.

Elle pouvait donc aussi porter le manteau noir de saint Dominique. À Sienne, la jeune fille qui donnait l'impression d'être absente de ce monde, qui allait communier tous les jours — ce qui était alors absolument inhabituel — et était assez souvent, dans l'église, atteinte d'extases, fut bientôt connue à travers toute la ville. Une adolescente exaltée voulait-elle se placer dans une lumière particulière? Ou pis encore, jouait-elle la sainte, pour aboutir chez de jeunes moines exaltés? On la voyait constamment avec des clercs ou les fils de la noblesse de la ville.

Des commérages haineux commencèrent à la poursuivre. Même une lépreuse que Catherine pourvoyait chaque jour de nourriture et de linge frais glapissait et donnait des coups d'épingle: «Elle vient, enfin, la reine de Fontebranda! Elle demeure toute la journée autour de l'église des Dominicains. On pourrait croire qu'elle ne peut pas recevoir assez de ces moines!» Catherine réagit en redoublant ses efforts pour la vieille aigrie.

Mais les hostilités prirent des formes encore plus dangereuses. On lui refusait la communion, on jetait hors de l'église celle que l'on supposait simuler l'état d'extase et on la piétinait dehors sur le pavé, quand elle ne voulait pas s'éveiller de son état de ravissement. Comme des relations à de jeunes nobles lui furent imputées, elle dut se soumettre à une douloureuse procédure et prouver sa virginité devant la prieure des mantellates.

«Va au milieu des hommes!»

Ses visions et expériences mystiques se seraient accumulées à cette époque-là. Mais elle souffrit aussi de graves dépressions; sa dure vie lui semblait absurde, et des fantaisies érotiques extrêmement réalistes l'assaillirent. Dieu lui semblait bien éloigné, alors, et, lorsque le crucifié lui apparut de nouveau un jour, inondé de sang et dans une lumière étincelante, elle lui demanda avec un léger reproche:

«Seigneur, où étais-tu, quand toute mon âme était pleine de ces horreurs?»

«J'étais dans ton cœur», répondit le Christ.

Plus tard, elle vit encore une fois le Seigneur dans une lumière céleste: il lui prit le cœur de la poitrine et le remplaça par son propre cœur. Elle exprima dans l'image d'une vision le tumultueux processus intérieur par lequel elle passa durant ces années apparemment si tranquilles: le Christ lui a ordonné de sortir de sa cellule et de retourner au milieu des hommes. Elle a alors cru en premier lieu que le cœur devait lui rompre; elle avait toujours eu la tentation de considérer les hommes seulement comme des facteurs troublants de sa relation à Dieu.

Le Christ lui dit: «Tu ne dois pas être seulement utile à toi-même, non, mais aussi aux autres; je te donne ma grâce également pour cela. Mais je ne t'éloignerai pas de moi; au contraire, l'amour envers les hommes te liera encore plus solidement à moi!»

Catherine avait compris: on n'est pas chrétien pour soi seulement. Celui qui s'isole afin de pouvoir se livrer en toute quiétude à ses sentiments pieux (aujourd'hui, on dit plutôt pour cela: «actualiser son moi», «parvenir à son identité»), celui-là, dis-je, aime sa tranquillité, mais non pas Dieu.

Catherine accepta la nouvelle volte-face de sa vie et se mit à travailler avec un zèle ardent. Elle remplaça à la maison les servantes malades, accourut aux hôpitaux, se soucia d'une prostituée. «Ses mains répandaient l'amour à gauche et à droite» (Raymond). Elle alla simplement aux hommes qui avaient besoin d'aide. Elle n'attendit pas les organisations de secours (il n'y en avait absolument pas, à cette époque-là). En tout cas, lier ainsi contemplation, vie monastique contemplative et activité sociale, c'était nouveau.

Quelque chose de plus étonnant encore se produisit: les mantellates, dames posées, qui auraient pu être la grand-mère de Catherine, reconnaissaient de plus en plus la jeune fille comme une figure dirigeante. À l'âge de vingt ans, elle avait, en plus des activités mentionnées, rassemblé autour d'elle une *famiglia*, une union bigarrée de dames bien placées, de conseillers municipaux, de moines, d'artistes, de banquiers, qui tous ensemble étaient fascinés par cette jeune fille qui n'était pas particulièrement éduquée; ils l'abordaient de façon un peu enthousiaste avec les mots *dolce mamma*, «douce mère», et, le peuple en partie amusé, en partie étonné, l'appellait *Caterinati*.

En 1374, Catherine Benincasa était à Florence, lors du chapitre général de l'Ordre des Dominicains. Il n'est pas sûr, comme plusieurs le pensent, qu'elle eut à se soumettre à une épreuve rigoureuse de son orthodoxie. Quoi qu'il en soit, les Dominicains firent officiellement de la jeune fille de 27 ans la directrice de la *famiglia*, à Sienne — peut-être pour pouvoir mieux contrôler le reste de ses activités? Car on plaça à ses côtés un directeur ecclésiastique, Raymond de Capoue, déjà mentionné, un bon théologien, qui plus tard devint légat papal et Général de l'Ordre. De plus, il réforma les Dominicains. Une relation cordiale les unissait; les deux apprenaient l'un de l'autre, et Raymond se fit même une fois réprimander sous forme de plaisanterie et exhorter à plus de courage. Lorsque la peste ravagea Sienne, les deux se tenaient sur la ligne de front des secouristes.

«À quoi me sert», demande Catherine dans son *Dialogue sur la divine Providence*, «de me voir en possession de la vie éternelle, si ton peuple est dans la mort?» Elle voulait être au milieu de l'action, là où il s'agissait de l'homme, là où sa dignité et sa vie étaient menacées. C'est pourquoi elle commença tout de suite son engagement «politique», qui ne représente qu'une actualisation de ses plus profondes convictions religieuses.

La ville république de Sienne fut secouée, au XIVe siècle, de querelles familiales et de guerres civiles. Les partisans de l'empereur contre les disciples du pape, les patriciens contre les petits marchands, les nobles contre les artisans, une nouvelle dissension éclatait à tout moment, les armes étaient à portée de la main, et il y avait toujours quelque offense impardonnable qui devait être vengée aux yeux de tous. Les familles nobles des Tolomei et des Salimbeni, des Malavolti, des Piccolomini et des Saracini se comportaient, avec leur guerre permanente pour des vétilles, comme des écoliers batailleurs; maintenant le sang coulait à flots et de nombreuses familles furent jetées dans le malheur pour l'honneur d'un nom fier, par suite d'une vanité offensée ou simplement parce que quelque jeune homme d'une maison distinguée avait entendu trop d'histoires de chevalerie et voulait absolument expérimenter une aventure.

Les touristes qui visitent la Toscane peuvent encore aujourd'hui sentir quelque chose de cette atmosphère curieusement explosive lors du traditionnel *Palio*, une course de chevaux au milieu de la place municipale de Sienne; on y court à cheval de façon emballée, acharnée, sans selle, comme si c'était une question de vie ou de mort. Les gens des vieux quartiers de la ville se rencontrent la veille pour manger à ciel ouvert, et la partie victorieuse de la ville conduit «son» cheval dans une procession nocturne, dans les districts des rivaux, chantant des chansons satiriques et réanimant des passions séculaires.

Il y eut sans doute aussi le riche marchand Giovanni Colombini de Sienne qui, vers 1345, partagea toute sa propriété entre les pauvres. Il y eut, en cette étrange période d'extrêmes contrastes, le noble rejeton Ambrogio Sansedoni qui devint moine prêcheur, et Giovanni Tolomei, qui sortit d'une non moins célèbre famille et fonda le monastère Monte Oliveto dans le désert montagneux du Mont Accona.

Catherine se jeta dans ce monde impulsif et électrisant de têtes chaudes, de violents et de possédés de Dieu, parce qu'elle-même vivait de la façon la plus passionnée la parole du temps «Tout ou rien!» L'inattendu arriva: de petits maires de village, des conseillers municipaux, des châtelains, les maisons nobles de Toscane, des diplomates et des tyrans prêtèrent attention à la jeune femme au charisme inexplicable et la tinrent pour arbitre et pacificatrice.

On chercha aussi sûrement à l'exploiter comme pièce d'échecs dans le calcul politique. Il y eut, par exemple, le despote de Milan, Barnabo Visconti, qui faisait torturer et pendre celui qui se rendait coupable de la plus petite offense, il n'aimait que ses 5 000 chiens de chasse. Il força les envoyés du pape qui lui remirent une bulle d'excommunication à manger le parchemin. Ce Visconti la flattait, voulait la gagner comme propagandiste de ses prétentions au pouvoir et essayait de l'attirer par des attaques contre l'Église mondanisée. Catherine lui répondit audacieusement que Dieu n'a pas besoin d'un juge pour son serviteur. «Gardez la paix dans vos propres villes!... Ce dont vous avez besoin, père, c'est de l'amour.»

Il était connu depuis longtemps parmi les potentats et les exploités, parmi la noblesse et la canaille, qu'il s'agissait d'une sainte en personne. Catherine était devenue un signe dans lequel les hommes — par-delà tout plaisir sensationnel de superstition — pouvaient sentir de façon heureuse et libérée ce que devait être Dieu.

En quoi consiste le charme de sa personnalité?

D'où, cette créature épuisée et maladive, tire-t-elle son rayonnement captivant, auquel pas même des chefs de mercenaires assoiffés de sang, des dictateurs sans conscience et «le pape le plus irascible de toute l'histoire de l'Église» (comme on a nommé une fois, récemment, Urbain VI) ne pouvaient se soustraire.

On peut qualifier d'épatante, d'inconcevable, la façon dont les jolis Playboys de la noblesse siennoise étaient suspendus aux lèvres de Catherine. Soudain, ils n'avaient plus besoin de triomphes érotiques, simplement parce que cette demi-nonne pâle, soustraite au monde, issue du quartier de Fontebranda qui n'était pas particulièrement distingué, avait parlé à leur conscience!

D'incroyables histoires sont transmises par des êtres jadis railleurs et sûrs d'eux-mêmes qu'une seule rencontre avec Catherine aurait complètement bouleversés. Le riche Francesco di Messer Vanni Malavolti, âgé de 25 ans, marié à une femme jolie et intelligente, mais incorrigible coureur de jupons, avoue qu'il a tout à coup commencé à trembler de peur, alors que Catherine le regardait dans les yeux. À partir de ce moment-là, il s'efforça de vivre autrement.

Le Docteur Gabriele da Volterra, un Franciscain, qui, il est vrai, s'y connaissait en théologie, mais avait peu saisi l'esprit de son Ordre (sa cellule monastique comprenait trois pièces fantastiquement meublées, un lit de soie et une bibliothèque de grande valeur), vint avec l'intention de démasquer comme simulatrice l'ignorante jeune fille en la soumettant à un pilonnage d'arguments scientifiques. À la fin de l'entretien, il donna, confus, la clef de sa demeure à un accompagnateur de Catherine et le pria de donner tout son mobilier de luxe.

Cristofano di Gano Guidini, politicien, écrivain et avocat, vint, plein de méfiance — et plus tard il traduisit en latin *Dialogo* de Catherine.

Un charisme presque inquiétant! Pour comprendre de tels effets, nous devons nous défaire sans doute de la représentation d'une ascète bigote qui, avec une bienveillance aigre-douce et une langue affilée, se met à son travail de conversion parmi les grands pécheurs qui malheureusement l'entourent et — plus malheureusement encore — ne sont en aucune façon contents ni reconnaissants de ses prédications morales.

Au contraire, ce qui est rapporté sur Catherine trahit un charme inimitable. Au lieu de courir ici et là comme une accusation errante, elle dut avoir eu pour chacun un bon sourire aux lèvres et diffusé beaucoup de chaleur.

«En sa présence», s'en étonne encore plus tard Frère Raymond, «on sentait une puissante impulsion vers le bien et on éprouvait une joie en Dieu si effrénée que toute trace de tristesse disparaissait du cœur.» Le jeune Stefano di Corrado Maconi, d'abord défavorable comme la plupart et ensuite l'un de ses amis les plus fidèles, se rappelle de sa première rencontre avec Catherine: elle lui a souri, «comme si elle revoyait un frère qui était parti en voyage depuis longtemps».

Une fois, à un certain moment de l'histoire du christianisme, quelqu'un a commis un péché impardonnable. Le malheureux ou la malheureuse a avancé l'affreuse hérésie que le charme était essentiellement «mondain» et qu'une pieuse mélancolie alliée au savoir-vivre le plus compassé possible appartenait aux chrétiens. Nous souffrons encore aujourd'hui de cette hérésie.

En tout cas, on prenait pour acquis que la jeune femme de Sienne exhortait par sollicitude authentique. «Ton âme meurt de faim», écrit-elle avec un accent de tendresse à Francesco Malavolti, cité plus haut, comme il n'ose plus se présenter après une rechute. «Mais viens, cher jeune homme.»

Elle n'a pas besoin d'une foule de pécheurs autour d'elle pour pouvoir jouer le rôle du modèle digne d'admiration, et elle ne veut pas non plus se mettre en scène comme médiatrice entre Dieu et son entourage. Elle remercie expressément de la critique et, une fois, elle constate de façon expressive qu'une créature qui se connaît ne peut absolument pas se consacrer à une vaine célébrité.

«Ô Amour très bon», avoue-t-elle dans une prière, un an avant sa mort, «de toute ma vie je ne t'ai jamais aimé!» Et il faut entendre la chose de façon très sérieuse, lorsqu'elle avertit d'autres personnes et emploie souvent la formule «*nous* pécheurs». Elle fait remarquer une faute à quelqu'un et y ajoute immédiatement avec prudence «comme moi». Au lieu de reprocher ainsi une faute à quelqu'un de façon personnelle, il est mieux d'en parler d'une manière tout à fait générale et avec tact.

Et généralement on doit se garder de s'imposer comme juge de la vie spirituelle de ses semblables ou de s'établir soi-même comme mesure et de reprocher aux autres d'aller leur propre chemin. Les hommes qui ont vaincu leur amour-propre «se réjouissent, au contraire, de tous les types humains qu'ils rencontrent», dit Catherine. «La variété leur plaît plus que l'uniformité d'hommes qui iraient tous le même chemin. La grandeur de Dieu devient ainsi beaucoup plus visible!»

Des saints authentiques ne s'érigent jamais en norme, n'exigent aucune «imitation», comme un père autoritaire qui fixerait à ses enfants le but repoussant de se donner la peine de devenir comme lui.

La connaissance que nous sommes *tous* petits devant Dieu enlevait à la fille du teinturier, Catherine, tout faux respect devant les autorités, les puissants et les demi-dieux terrestres. Sa saine conscience de soi peut, sans doute, monter jusqu'à l'arrogance, il faut le voir aussi. «Je voudrais vous voir avec un esprit viril», semonce-t-elle le pape Grégoire XI dans une de ses lettres typiques, «libre de peur et d'égoïsme et libre de l'amour charnel de la parenté. Car il m'est clair qu'aux yeux de Dieu rien ne gêne plus votre projet et avec cela la gloire de Dieu, la croissance et la réforme de l'Église. C'est pourquoi mon âme désire ardemment que dans sa miséricorde Dieu vous enlève vos mauvaises inclinations et votre tiédeur et fasse de vous un nouvel homme...»

Elle avait l'habitude d'introduire de telles lettres d'une façon astucieuse avec l'humble salutation: «L'indigne, misérable fille Catherine» se recommande au Saint-Père dans le sang de Jésus.

Io voglio, «je veux», ainsi commencent toutes ses lettres. Elle peut être infiniment obstinée, importune, antipathique et, selon nos mesures, parfois simplement effrontée. *Sono sangue e fuoco*, «je suis sang et feu», c'est ainsi qu'elle s'est décrite, la récalcitrante fille de la tyrannique Monna Lapa. Son tempérament perce souvent dans ses lettres, et alors la prophétesse de l'amour patient de Dieu peste comme un charretier.

Poésie et arguments

Et toutes ces lettres! La jeune fille élevée en marge de la culture bourgeoise italienne, qui avait difficilement appris à lire, comprenait même peut-être un peu le latin, mais, il est tout à fait sûr qu'elle ne savait pas écrire. Cette jeune fille complètement inculte nous a légué 380 lettres étonnantes, écrites dans une langue très personnelle et construites en toute logique et avec une bonne argumentation. Elles ne débordent en aucune façon de cet excès de sentiments que, selon le dogme des hommes, produiraient les femmes dans le développement de leurs pensées. Mais elles sont écrites dans un toscan vivant, poétique du XIVe siècle (peu changé jusqu'à aujourd'hui) et remplies d'images lyriques.

Le monde est «depuis longtemps moribond et gravement blessé», dit Catherine, «mais les médecins ne prescrivent que des médicaments gâtés.» Elle compare l'Église à un cellier à vin, où le sang du Christ est conservé. Et sur les incommodités liées aux bons projets, elle écrit: «Comme il serait insensé de renoncer aux roses par crainte des épines!» On y trouve aussi parfois des passages espiègles, comme ce salut: «Alessa, la paresseuse, aimerait bien s'envelopper dans cette lettre, afin de pouvoir vous parvenir.»

À cette époque sans téléphone ni micro-ordinateur doté de mémoire, une lettre était quelque chose de rare et de précieux. On se la lisait et relisait mutuellement, réfléchissant des journées entières, la conservant comme un trésor. Ces trésors, cependant, étaient rarement produits. Catherine doit avoir dicté les lettres sans longue pause de réflexion, dans un état de ravissement. Parfois, elle dictait à deux, trois secrétaires plusieurs lettres à la fois à différents destinataires, sans se brouiller les idées.

Les lettres étaient écrites à des rois et des cordonniers, à des papes et des tailleurs, des peintres, des nobles, des sœurs cloîtrées et des prostituées. Elles commençaient toutes par *Al nome di Gesù Cristo crocifisso et di Maria dolce,* «au nom de Jésus Christ crucifié et de la douce Marie», et se terminaient toujours avec les mêmes phrases concises: *Non dico più. Permanete nella santa e dolce dilectione di Dio. Gesù dolce, Gesù amore.* «Je ne dis rien de plus. Demeurez dans le saint et tendre amour de Dieu. Doux Jésus, Jésus amour.»

Elle écrivit sa première avalanche de lettres en 1375 durant un séjour à Pise. Une conversation avec le légat de la reine de Chypre a versé de l'eau au moulin de sa passion sans doute très enthousiaste pour la croisade, et maintenant elle écrit en toute hâte, précipitée, agressive, à Dieu et au monde, afin de mobiliser pour le *santo passaggio,* le «saint passage».

Elle fait appel au roi de France pour qu'il laisse les querelles avec l'Angleterre et marche plutôt contre les Musulmans. Le pape Grégoire XI est rudement prié «de ne plus continuer à dormir», mais de dérouler la bannière de la croisade. Elle écrit au duc d'Anjou et à la reine de Hongrie, aux gouvernements des villes de Florence et de Lucca, aux princes et aux cardinaux.

Son enthousiasme pour les croisades l'entraîne à des idées très naïves. Précisément les Mafiosi du Moyen Âge, les sanguinaires chefs de mercenaires, qui vendent leur armée à celui qui paie bien, doivent se montrer «de vrais fils et chevaliers de Jésus Christ et donner leur vie au service de Jésus en réparation de leurs cruautés, écrit Catherine dans une aimable lettre au condottiere John Hawkwood. «Si le combat et la guerre vous semblent si divertissants», écrit-elle aussi sarcastique que compréhensive, «alors je vous prie, n'allez plus chez les chrétiens — ce serait une offense à Dieu —, mais chez les incroyants!»

J'aimerais vous voir étendue sur la croix bien-aimée du Seigneur... Faisons de la croix notre gîte.

Mais il serait vain de vouloir manger à la table du Père, sans se soucier des âmes avec son Fils, et de ne pas voir la nourriture sur la table du Fils, à savoir: les âmes. Et on ne peut avoir cela sans souffrir...

C'est pourquoi, nous, ses servantes rachetées avec son précieux sang, ne pouvons pas dormir, si nous voulons être ses fidèles épouses; nous devons abandonner la somnolence et nous engager dans le chemin qu'est le Christ crucifié.

Le Christ, le Crucifié, est la source où l'âme apaise sa soif. Elle y reçoit l'affectueuse aspiration qui doit, pour la gloire de Dieu et le salut des âmes, embrasser toute la création. Fais-tu cela, tes paroles et tes actions ressemblent à des bûches de bois ardentes qui allument le feu là où on les jette. L'ardeur qu'elles portent en elles, elles ne peuvent pas la garder pour elles. Ainsi en est-il avec l'âme qui entre dans le four ardent de l'amour de Dieu: elle va continuer à répandre les étincelles qu'elle a reçues du feu.

Catherine dans Lettres à son cercle d'amis.

Elle encourage la vicieuse reine Jeanne de Naples, qui a écarté plusieurs maris et est appelée partout «la grande putain», à profiter du «magnifique moment» de la croisade. Elle invite les religieuses à un joyeux martyre, en allant en pèlerinage en Terre Sainte et en s'y laissant tuer: «Élançons-nous comme une brigade serrée... partons vers le saint sépulcre, afin d'y donner notre vie pour Lui!»

Elle lie à cela de remarquables plans de fraternisation avec les Musulmans, qui ont été rachetés par le sang du Christ «comme nous» et qui, ensemble avec les chrétiens doivent former un nouveau peuple de Dieu — sans doute seulement après leur soumission par les croisés. La critique de l'impérialisme et du commerce qui dénonce, dès le début, l'utilisation du sublime idéal des croisades comme un prétexte à des intérêts très terrestres est aussi étrangère à Catherine qu'à la plupart de ses contemporains.

En tout cas, l'enthousiasme mystique pour Jérusalem est éteint depuis des décennies. La désillusion s'est implantée; l'expression laconique d'un célèbre ermite de l'Apennin est significative: «Si tu possèdes le Christ dans l'Eucharistie, pourquoi devrais-tu alors le laisser pour voir une pierre?» Par pierre, il entend le saint sépulcre.

L'Italie, du reste, est irrémédiablement déchirée, l'Europe trop divisée par les querelles, pour qu'une grande idée unificatrice comme le rêve de croisade de Catherine puisse somme toute avoir une chance. Princes de l'Église et politiciens de pointe lui répondent pour la plupart poliment, mais évasivement. Le pape y rêve de toute son âme, autant qu'elle, mais sa voix est trop faible pour être entendue dans la chrétienté.

Elle pénètre de la lointaine Avignon en Italie où l'on ne voit encore dans le successeur de Pierre qu'un homme de paille du roi de France. Une figure si décevante ne peut certes pas déclencher une tempête d'enthousiasme pour la cavalcade sacrée contre l'Est.

Avignon, l'ancienne petite ville de pêcheurs sur le Rhône, devint, en ces années-là, le pivot de la vie de l'inflexible Italienne. Avignon fut l'épreuve — subie de façon éclatante — de son amour du Christ, mais en même temps aussi l'obstacle où elle échoua finalement.

Depuis trois quarts de siècle, les papes résidaient là, en Provence. Ils avaient aménagé Avignon en une forteresse qui, à l'intérieur, joignait l'atmosphère d'une cathédrale gothique à l'immoralité cultivée d'un château de plaisance... Gens de la noblesse, musiciens, poètes de cour, camériers et tailleurs fourmillaient autour du trône papal, cardinaux et évêques rivalisaient de la tenue de cour la plus élégante, un seul cardinal entretenait cinq écuries pour ses 39 chevaux, la jolie comtesse de Turenne bazardait les employés de l'Église tout ouvertement, et Pétrarque — sans doute lui-même à l'affût de postes — nommait Avignon une «école de la vanité», une «Babylone» pleine de vieillards «engoués de Vénus» et «de goût de grand prêtre pour le plaisir». Pétrarque: «Au lieu des apôtres qui allaient pieds nus, on voit ici aujourd'hui des cardinaux sur des chevaux qui sont couverts d'or, mordent à l'or et sous peu seront chaussés d'or, si Dieu ne tient pas en bride leur insolente richesse.»

Pour soutenir ce train de vie, les États pontificaux avaient besoin d'énormes sommes d'argent. À la mort de Jean XXII, 18 millions de florins d'or se trouvaient dans la caisse papale — sans compter l'argent et les pierres précieuses —, mais en général régnait un gigantesque déficit que l'on cherchait à éponger par la vente de prébendes et le prélèvement d'impôts toujours nouveaux dans toute la chrétienté. Même l'ordination sacerdotale devait être chèrement payée. « À chaque fois que j'entrais dans les appartements du clergé de la cour papale », notait un prélat espagnol indigné, « j'y trouvais des courtiers et des ecclésiastiques occupés à compter et peser des amoncellements de florins… Les loups ont l'Église en leur pouvoir. »

Naturellement, il n'y avait pas à Avignon que de l'immoralité et du gaspillage. Les sept papes français qui y tinrent une cour doivent même, sauf un, avoir été des hommes sincères, de bonne volonté, sans ambitions personnelles et montrant une certaine vigueur. Clément V sauva de l'Inquisition le médecin Arnold de Villanova, très franc dans sa critique de l'Église. Clément VI organisa des mesures de secours pour les victimes de la peste, assura un asile aux Juifs réfugiés — ils furent encore une fois soupçonnés d'être la cause de la peste — et excommunia leurs persécuteurs. Innocent VI congédia la plus grande partie de la cour et fit arrêter Hawkwood et les chefs terrifiants des mercenaires par un archevêque non moins belliqueux.

Mais ces actes sympathiques ne changent rien au fait qu'à Avignon, la papauté était complètement soumise aux intérêts diplomatiques de la France et s'éloignait de plus en plus du reste de l'Europe, de l'Italie surtout. Des 134 cardinaux nommés ces années-là, il y eut 113 Français. Boccaccio, Pétrarque et d'autres, qui rappelaient le pape au cœur romain de l'Église, ne se faisaient pas d'illusion sur la plus grande pureté des mœurs à Rome. Mais ils désiraient avoir un pape plus indépendant du jeu des intrigues politiques, dans un milieu plus pauvre.

Avant tout, les Légats français que le pape avait installés dans les États pontificaux — encore à l'époque une grande partie de l'Italie centrale — durent aigrir le patriotisme italien. Beaucoup d'entre eux se comportaient comme de petits tyrans, se conduisaient comme « des suceurs de sang sans Dieu »

(Catherine), extorquaient toujours plus d'impôts de la population misérable. En 1375, la mesure était pleine: les républiques de Toscane semèrent le courage de la révolte dans les États pontificaux où, par douzaines, les villes commençaient à se lever contre la domination papale, en tête la bannière de lys rouge sang des Florentins portant le mot *Libertà*, liberté.

Grégoire XI, déjà pape à 36 ans, un prêtre plein de caractère, consciencieux, amant de Cicéron et très cultivé, mais hésitant et influençable, se trouva décontenancé devant cette faim militante de liberté. Il s'accrochait à un féodalisme papal qui ne convenait plus à l'époque depuis longtemps, féodalisme qui continua à vivre d'ailleurs comme un beau rêve encore un demi-millénaire, jusque dans notre siècle: en réaction, Paul VI donna la tiare en or et Jean Paul Ier renonça complètement à son couronnement.

En cette situation, Rome demanda pour la première fois un service de médiation à la singulière épistolière qu'était Catherine car en fin de compte elle était originaire du pays foyer de la révolte. Elle devait exhorter Pise et Lucca à demeurer loin de l'alliance des villes toscanes organisée par Florence contre le pape. Très sagement Catherine se tourna d'abord vers les dames de Lucca pour gagner les conseillers municipaux. Par ce détour vers l'entretien politique domestique elle n'obtint qu'un retard.

Le conflit arriva à un point critique lorsque le pape augmenta maladroitement le collège des cardinaux, de nouveau, par l'élection de Français. Parmi eux se trouvait le plus malicieux des légats despotes, Gérard du Puy, que le peuple finalement a fait prisonnier dans sa forteresse de Pérouse.

Catherine se trouvait entre les deux, intérieurement déchirée, fidèle à Rome et Siennoise: inconditionnellement dévouée au pape qui, pour elle, représentait «le Christ sur terre», et entraînée par le besoin de liberté des campagnards asservis. Elle résolut le conflit de façon personnelle en développant sa propre idée et ses propres activités: elle bombarda Rome de lettres et écrivit crûment au pape ce qu'elle pensait de son style de direction et de ses courtisans.

Furieuse comme un chien méchant

La teneur de ces lettres est toujours la même: le pape doit se défaire de ses dépendances, quitter Avignon, retourner à Rome et remplacer les gouverneurs français par des prêtres qui se considèrent plutôt pasteurs que capitaines.

Catherine pleure sur l'Église dégénérée, souillée par la cupidité, la dureté et la soif de sang. «Son cœur, l'amour ardent, s'est égaré», écrit-elle au successeur de Pierre à Avignon, «redonne-le-lui! Des exacteurs sans Dieu lui ont sucé tant de sang qu'il est devenu tout blême.»

C'est l'égoïsme qu'elle rend responsable de l'état désolé de l'Église, l'égoïsme de pasteurs oublieux de leur devoir, qui ne pensent qu'à l'argent et aux titres honorifiques: «Le déplorable égoïsme a empoisonné tout le monde et le corps mystique de l'Église, il a laissé le jardin de l'épouse du Christ passer à l'état sauvage. L'ivraie fétide y a poussé.»

Le ton de Catherine prend une acuité tranchante lorsqu'il y va de ces prélats et de ces porteurs de pourpre qui étaient constitués missionnaires et devinrent «parasites et vampires des âmes», qui devraient être des colonnes et sont ratatinés en brins de paille: «Vous n'êtes pas des fleurs odoriférantes, mais une puanteur qui empeste tout l'univers... Vous devriez être des anges sur terre, pour nous sauver du démon de l'enfer et ramener le troupeau égaré à la sainte Église. Vous êtes maintenant devenus vous-mêmes des démons!»

Si un chien méchant pouvait écrire des lettres, il le ferait dans le style furieux de Catherine. Elle somme les évêques «gonflés d'orgueil» de chercher la gloire de Dieu au lieu des vanités terrestres et de ne pas «vivre comme des pourceaux». Elle reproche aux prêtres de fréquenter leurs semblables sans égard et de «faire un dieu de leur ventre».

Les religieux se mettent de l'argent de côté, «toute leur aspiration vise à décorer leur corps et leur cellule et à parcourir les villes en bavardant. Il y va d'eux comme du poisson qui se tient en dehors de l'eau: il crève». Dans les visions exaltées du *Dialogo*, elle leur oppose le Christ en croix, pauvre, humilié: «Il tient la tête baissée pour te saluer, il porte la couronne sur la tête pour te décorer, il tient les bras étendus pour t'encercler, ses pieds sont transpercés pour demeurer avec toi.»

D'abord vous devez déraciner les fleurs malodorantes du jardin de la sainte Église dont vous êtes le gardien. Vous êtes plein d'immondices et de lasciveté et gonflé d'orgueil. J'entends par là, les mauvais pasteurs et administrateurs qui empestent ce jardin et veulent le faire mourir. Pour l'amour de Dieu, employez votre pouvoir, arrachez ces fleurs, et jetez-les dehors, pour qu'elles n'aient plus rien à gouverner. Vous devez vous-mêmes vous connaître et apprendre à gouverner dans une sainte et bonne vie. Plantez des fleurs odoriférantes, des pasteurs et des souverains qui sont de vrais serviteurs du crucifié, qui n'ont en vue que la gloire de Dieu et le salut des âmes et sont de vrais pères des pauvres. Malheur! Comme on doit avoir grande honte, quand on voit mener joyeuse vie dans les dignités, la pompe et les vanités du monde, ceux qui devraient être un modèle de pauvreté volontaire et distribuer le bien de l'Église aux pauvres. Ils agissent mille fois pire que s'ils étaient des gens du monde. Oui, de nombreux laïcs confondent ces prélats par leur bonne et sainte vie.

«Je vous le dis, mon père dans le Christ Jésus, venez vite et humblement comme un agneau!» C'est sa prière constamment répétée au pasteur hésitant d'Avignon. «Répondez au Saint-Esprit. Il vous appelle. Je vous le dis: venez, venez, venez! Et n'attendez pas le temps, car il ne vous attend pas.»

Il doit retourner à son «troupeau affamé» et poser un signe d'une Église renouvelée, pauvre, «avec un esprit viril» et sans peur. Oui, Dieu doit faire de Grégoire «un homme nouveau», qui porte en lui un désir ardent de *riformazione*, de réforme.

C'est sa grande aspiration, le pivot autour duquel tourne toute sa pensée. «La réforme de l'Église est la tâche la plus pressante et la plus importante», écrit-elle à des religieux de Spolète, «face à cela tout le reste est secondaire. Aidons l'épouse du Christ, l'Église... Mettez tout de côté et venez en aide à votre mère!»

De là le ton exigeant, revendicateur envers le pape qu'elle menace de la colère de Dieu lorsqu'elle est à bout d'arguments: «À votre place, j'aurais peur du jugement menaçant de Dieu.» Ces lettres ne contiennent pas d'emportement haineux, ni de critique, ni d'utilisation de ses expériences mystiques comme d'un atout pour s'imposer, mais de la douleur, du souci, une aspiration passionnée à une Église dans laquelle le Christ pourrait avoir sa joie.

Dolce babbo mio, «mon doux petit papa», s'adresse-t-elle au pape avec une tendresse méridionale, *dolce Cristo in terra*, «doux Christ sur terre», c'est un peu quelque chose comme l'amour blessé qui intervient lorsqu'elle lui jette à la tête un amas confus de paroles dures. Au fond, Grégoire pense comme elle (c'est son propre désir de retourner à Rome), et il ordonne à tous les évêques et abbés qui se la coulent douce à Avignon de retourner s'établir dans leur diocèse et leurs monastères abandonnés, il partage les sentiments de sa critique, mais il vit dans une cage d'or, «comme un agneau au milieu des loups» (Catherine).

«Ah, père, ne restez pas tranquille!» l'encourage-t-elle et elle place de nouveau des revendications: «Vouloir tout étouffer paisiblement est plus cruel que toute autre chose. Quand on ne coupe ni ne brûle la blessure avec le fer et le feu et qu'on n'étend sur elle que de l'onguent, elle ne guérit pas, mais elle empoisonne tout et amène assez souvent la mort.» Non, il doit procéder de façon rigoureuse et conséquente, ne plus prendre part aux guerres, rétablir morale et crédibilité dans sa propre maison.

Et si l'Église perd statut et propriété par ce programme de réforme — Catherine le réconforte ainsi avec un flair marqué pour les points faibles d'une direction ecclésiastique soucieuse du maintien du pouvoir —, ce n'est alors qu'une bénédiction, elle est ainsi forcée de se concentrer sur ses véritables tâches.

Son arrière-pensée est que Dieu semble permettre «qu'on enlève terres et propriétés à son épouse, afin de montrer que la sainte Église retourne à sa pauvreté des origines, à l'humilité et à la douceur». Et «Le seul trésor de l'Église est le sang du Christ pour le rachat des âmes. Et ce sang n'a pas été versé pour l'amour de la possession du monde, mais pour la rédemption de l'humanité... Il est beaucoup mieux de se défaire de l'or de la possession du monde que de l'or de la propriété spirituelle... Bonté, amour, paix!»

«Ne me décevez pas!» avise-t-elle Grégoire. «Autrement, je devrais interjeter appel auprès du crucifié, le seul qui me reste encore.» C'est sa seule menace. Elle ne menace pas avec l'apostasie ou avec l'établissement d'une nouvelle Église des «purs», comme d'autres l'ont fait, pas même avec les troupes de l'alliance rebelle ou par un soulèvement populaire. On ne renouvellera pas ainsi l'Église, cela on le sait. «Elle ne retrouvera pas sa beauté par l'épée, la guerre, les cruautés, mais par un esprit conciliant, une prière humble et constante, par la sueur et les larmes.»

À cette époque, elle faisait des efforts constants pour désamorcer le conflit entre Florence et Rome, apaisant la ville, calmant le pape. On vainc les rebelles avec de la bonté et de la patience, inculque-t-elle au pape et elle lui rappelle que Florence a cru, eu égard à l'injustice des légats, qu'elle ne pouvait agir autrement. Elle demande de nouveau aux Florentins de ne pas faire la guerre au représentant de Dieu. «Le père a beau pécher contre le fils, le fils ne reçoit par là aucun droit contre lui... Il est toujours son débiteur, parce qu'il lui doit l'existence.»

De telles images de la vie familiale, présentées avec la meilleure intention, ne pouvaient sans doute dissiper l'amertume accumulée des deux côtés. Grégoire, entêté, voulut montrer de l'autorité, ordonna à toute la direction de Florence de se rendre pour un «rapport» à Avignon; et comme les conseillers municipaux manquèrent à l'échéance fixée, il les excommunia tous et décréta l'interdit sur Florence: le service liturgique et l'administration des sacrements furent immédiatement défendus dans la ville; celui qui avait un contact avec un Florentin tombait lui-même sous l'excommunication; les obligations et les contrats envers un Florentin étaient nuls.

En cette situation désespérée, Catherine entreprit avec une poignée de vingt fidèles un pénible voyage de 700 kilomètres à Avignon (on ne doit pas oublier que la *famiglia* se nourrissait, dans sa mission de paix, en recourant à la mendicité). Ce n'est pas tant la direction aigrie de la ville qui l'a envoyée dans l'antre du lion, mais une couple d'amis — ou sa propre conscience. *Io muoio di dolore, ma non posso morire*, écrit-elle dans une de ses lettres désespérées au pape, «je meurs de douleur, mais je ne peux pas mourir».

À peine les compagnons de route, épuisés, étaient-ils arrivés, qu'apparut aussi chez Catherine l'Inquisition, composée de trois hommes, afin de sonder celle qui se nommait la réformatrice de l'Église de la province italienne. Mais, comme elle avait déjà réussi plus tôt, Catherine épata également ce groupe de théologiens éminents par sa nette crédibilité et sa solide connaissance des choses religieuses. N'eut-elle pas pu convaincre ces hommes sévères, divulguait plus tard le médecin personnel du pape à un accompagnateur de Catherine, «c'eut été le pire voyage qu'elle n'eût jamais entrepris».

Peu après cela, se tint chez le pape Grégoire une audience qui souffrit de certaines difficultés de langage; Raymond de Capoue dut traduire le dialecte siennois de Catherine dans le latin officiel. Ce qui, toutefois, n'a manifestement ni gêné ni intimidé la jeune visiteuse en aucune façon.

À la question sceptique du pape qui lui demandait comment elle croyait pouvoir juger, après quelques jours, la situation à la cour papale, «Catherine, qui était demeurée jusque-là petite et discrète, se leva subitement et répondit d'une voix ferme: 'Comme il y va de l'honneur du Dieu tout-puissant, je confesse sans crainte que les péchés de la cour pontificale puent jusqu'à Sienne, d'où je viens, et qu'ils y provoquent la nausée plus qu'aux gens d'ici qui s'en imprègnent chaque jour!»

«Le pape devint muet», rapporte encore Raymond. Mais en aucune façon il ne renvoya immédiatement chez elle cette encombrante créature.

Avec calme, il prêta également l'oreille à ses demandes pour les Florentins, mais il ne s'obligea pas et il fit connaître qu'il n'appréciait pas de façon particulière la disposition de la ville si durement punie. Et précisément, lorsque les envoyés de Florence arrivèrent à Avignon, ils brusquèrent Catherine, ne voulurent rien savoir de ses efforts de médiation et ne s'engagèrent pas non plus dans les conditions du pape (il aurait exigé trois millions de florins d'or comme paiement de réparation). L'entêté Grégoire ne pouvait être en aucune façon amené à des compromis.

Catherine, d'abord surprise et irritée, «Avec vos idées subites, vous me gâtez ce que je sème», écrivit-elle à Florence, avait dû encore une fois expérimenter que les idéalistes pacifiques ne servent souvent que d'enseigne aux maîtres pleins de trucs de la politique. Elle retourna, abattue, à Florence, prêcha sur les places du marché et dans les prairies de tout le pays environnant et fit la paix là où elle le pouvait.

Pendant ce temps-là, les troupes pontificales que commandait le cardinal endurci, Robert de Genève, marchaient sur Florence. Il livra précisément Cesena, la seule ville de Toscane fidèle à Rome, au pillage des mercenaires, et comme les citoyens se défendaient, le cardinal envoya chercher les troupes du mal famé Hawkwood en renfort et prépara un épouvantable bain de sang.

Au moins quatre mille personnes furent tuées en une seule nuit, des hommes, des femmes, des vieillards, de petits enfants. «C'était à en perdre la foi», selon le jugement d'un chroniqueur sur cette flétrissure à jamais inscrite dans l'histoire de la papauté: Le poète Franco Sacchetti décerna à Grégoire le sobriquet méprisant de *papa guastamondo*, pape destructeur du monde.

Elle serait plutôt morte que d'être obligée à voir cela, avoua Catherine. La femme pleine de tempérament, qui en extase pouvait dicter avec tant de sûreté, se sentait simplement petite et démunie. Désespérée, elle demanda encore une fois au pape de suspendre la guerre et de changer les «fleurs malodorantes» du jardin de l'Église. Puis, les lettres cessèrent.

On pourrait presque oublier que le pape Grégoire se trouvait déjà à Rome, au moment du bain de sang de Cesena. Après avoir «navigué» habilement durant six ans, il était parvenu à ses fins malgré l'amère résistance de sa famille largement ramifiée (ses neveux et cousins peuplaient la cour papale) et celle de la curie de la France politique. Il avait quitté Avignon. Dans ses lettres et durant son séjour en France, où on l'appelait «la terreur d'Avignon» et où elle fut combattue sans merci par les sœurs et les nièces du pape, Catherine l'affermit dans sa décision. Mais son seul mérite ne fut pas seulement le retour du pape à Rome.

Bien que le contact fût coupé pendant quelque temps, le pape, peu après, lui demanda de nouveau sa médiation. En 1378, elle arriva de nouveau à Florence, où elle tomba au milieu de la guerre civile entre Guelfes et Gibelins.

Le conflit avec le pape était devenu depuis longtemps une lutte de pouvoir à l'intérieur de la ville entre le riche et le pauvre dans laquelle Catherine ne pouvait rien faire. Elle fut elle-même en danger parce qu'elle demeurait dans une maison des Guelfes. Une troupe mugissante la pressa avec une épée tirée, mais recula, selon des témoins oculaires, devant son courage souverain. Triste, la pacificatrice sans succès alla de nouveau s'établir à Sienne; «je pars le cœur plein de peines et de soucis», écrivit-elle en guise d'adieu aux conseillers municipaux de Florence.

«Ton enfant mort, l'humanité»

Pourquoi s'est-elle toujours immiscée dans des disputes politiques si compliquées? Pourquoi n'en demeura-t-elle pas au thème qu'elle maîtrisait manifestement mieux, à savoir la réforme de l'Église?

Parce qu'elle ne *pouvait* faire autrement. La religion de Catherine est une religion concrète. Elle ne peut pas prier pour la paix à l'église et ne pas entendre le cliquetis des armes dehors sur la rue ni ne pas voir les mares de sang. Elle prie pour que Dieu ait pitié de son «enfant mort, l'humanité», et elle se sent poussée à des activités que nous nommons «politiques» et qui sont pourtant essentiellement religieuses: la paix doit de nouveau régner, la justice doit s'établir, un «monde déchu jusqu'à la mort avec la peau et les cheveux» (Catherine) doit être ordonné selon l'amour et le droit.

La présupposition en est la simple reconnaissance du fait que tous les hommes sont fils de Dieu, qu'ils ont une dignité et des droits. Dieu seul est le Seigneur, les puissants de cette terre ne sont que des administrateurs à terme. Des gens comme Catherine connaissent ainsi déjà au XIVe siècle quelque chose comme les droits humains individuels.

Dans les lettres de Catherine, on est frappé par son parti pris pour les victimes, les exploités, les marginaux. La mystique n'est en aucune façon assise entre deux chaises, comme beaucoup d'auteurs de lettres pastorales, aujourd'hui. Elle ne se limite pas à des conjurations impuissantes de tous côtés, quitte à vivre en paix et à se résigner. Partiale comme son Seigneur, elle accuse, prononce des jugements clairs. Catherine appelle les tyrans par leur nom et pose des exigences très concrètes.

«Dieu t'a fait homme, pourquoi te fais-tu toi-même animal?» demande-t-elle à ses contemporains sanguinaires dans une prière. Elle voit la racine de tout mal dans l'égoïsme arrogant lorsque la politique n'est menée que pour la célébrité personnelle et le porte-monnaie et non pour que les citoyens puissent vivre d'une manière plus digne de l'homme. Par amour-propre, «aveuglé par la peur de perdre son poste», Pilate a conduit le Christ à la croix. Catherine: «J'ai l'impression que l'univers entier est rempli d'hommes comme Pilate.»

Pendant ce temps, un nouveau pape a été élu à Rome, dans des circonstances chaotiques. Au cri de «*Romano volemo o almeno italiano*! — Nous voulons un Romain ou à tout le moins un Italien!», six mille hommes armés de Rome assiégèrent le Vatican. Les cardinaux effrayés demandèrent la protection de soldats; sur la place Saint-Pierre un échafaud était prêt pour les perturbateurs de la paix publique. Avec l'idée de faire un bon coup, les cardinaux, pour la première fois depuis soixante-treize ans, n'intronisèrent pas un Français, mais un Italien, l'archevêque de Bari qui, bien entendu, avait fait ses preuves à Avignon à titre de chancelier de l'Église.

Urbain VI n'était justement pas un homme de paille des

Français ni de quelque mafia italienne de la noblesse. Un type monastique, ascétique, avec une conscience prononcée, qui faisait des efforts sérieux pour obtenir des réformes: «Je veux nettoyer l'Église, et je la nettoierai!» Mais, malheureusement, il devint vite, dans sa nouvelle fonction, un véritable Ivan le Terrible, détestable, hargneux, fougueux et irritable, cherchant noise à tout le monde. Plus tard, il montra des traits toujours plus maladifs; il fit presque mourir de faim, dans une citerne, cinq cardinaux rebelles, avant de les torturer à mort. Le petit Napolitain se vengea impitoyablement des grands maîtres de la curie, des nobles de France qui auparavant l'avaient traité de haut et il y perdit dans le conflit. Un an n'était pas encore écoulé depuis son élection que les cardinaux le délaissèrent. Ils déclarèrent qu'on ne l'avait élu alors que sous la pression du peuple et firent antipape Robert de Genève, taché de sang, «le bourreau de Cesena». Il résida à Avignon et le «grand schisme d'Occident» commença. Il devait déchirer la chrétienté pendant quatre décennies.

Catherine aurait prédit la dispute fraternelle dans l'Église. Immédiatement après l'élection d'Urbain VI, elle l'avait encouragé dans des lettres enthousiastes: «Mettez-vous courageusement à l'œuvre de la réforme, comme un authentique chevalier et un juste pasteur... Coupez dans le vice!» Urbain devait «balayer l'outil corrompu», c'est-à-dire renouveler le collège des cardinaux, ce qu'il fit également, mais les Italiens nouvellement nommés ne purent arriver à leur fin contre la clique dirigeante expérimentée qui était à la tête de l'Église.

Comme les cardinaux l'avaient abandonnée, trop souvent brusqués et traités avec une rudesse inimaginable, elle écrivit une lettre de consolation à l'homme brisé sur le siège de Pierre. Elle fut invitée par lui à Rome et, à l'instigation d'Urbain, adressa un ardent discours aux cardinaux pusillanimes qui étaient encore restés là, fait unique dans l'histoire de l'Église.

Mais rien ne changea. L'antipape, à Avignon, tira de son

côté l'empereur Charles IV, les Flandres, l'Angleterre, l'Allemagne du sud, la Hongrie et une série d'autres pays. Les deux papes s'excommunièrent réciproquement, les deux envoyèrent des troupes l'un contre l'autre. Le conseil mystique imaginé par Catherine — une assemblée de saints ermites qui devait conseiller et éclairer le pape — ne se réalisa qu'au milieu des difficultés et disparut de nouveau de l'histoire de l'Église, sans laisser un mot.

Même les lettres de Catherine aux cardinaux et aux princes, où elle leur demandait de rester fidèles au pape légitimement élu, n'eurent pas de succès. «Tout l'univers est maintenant divisé», écrivit-elle, ébranlée, au roi de Hongrie, «l'enfer est en marche...» Son appel constant *Pace, pace!* — «Paix, paix!» est inutile. Inutile son argumentation profonde selon laquelle Dieu ne peut pas demeurer dans un cœur rempli de haine: «Celui qui tue un ennemi, croit qu'il ne tue que lui, mais d'abord et avant tout il se tue lui-même!»

Lorsqu'elle comprit les fatales escapades d'Urbain, elle chercha prudemment à l'apaiser («L'action sans mesure ravage plus qu'elle ne règle») et à le détourner de sa dureté («Justice sans miséricorde serait ténèbres»). Avec une ironie ingénieuse, elle lui envoie au Vatican une couple d'oranges confites; il pourrait tirer un exemple de ces fruits amers qui, par un traitement approprié, développent subitement un doux arôme. Mais le pape Urbain n'était ni prêt ni capable d'apprendre cette leçon.

Sur la scène politique, Catherine a manifestement échoué. Sans doute exprima-t-elle elle-même une fois, de façon tout à fait réaliste, que même si le grand succès manque, «le chemin en est du moins préparé». Qu'elle se soit retirée encore plus fortement dans le silence durant le court laps de vie qui lui restait encore, montre déception et résignation, mais signale aussi une autre forme d'activité non moins précieuse, au point de vue chrétien.

Car la «vie intérieure» de Catherine, sa relation à Dieu, sa mystique qui déborde les limites est quelque chose d'extrêmement actif; elle est tout amour, passion, aspiration. «Quelle est ma nature, Amour insondable?» demande-t-elle à Dieu et elle donne elle-même la réponse: «C'est un feu, parce que Toi-même n'es rien d'autre que feu de l'Amour.»

«Dieu, toi qui es fou d'amour!»

«Feu qui brûle toujours», ainsi désigne-t-elle Dieu qui, chez elle, apparaît comme un centre d'énergie intense et non comme un juge universel qui attend, fatigué, «feu et abîme de l'amour», «amour insondable», «mer de la paix», «pauvre agneau saigné à blanc».

L'amour de Dieu nous a créés, Dieu ne peut qu'aimer. Oui, elle l'appelle un «fou d'amour», qui court après sa créature, «ivre de soucis». «Parce que tu m'as vue dans Ta lumière, tu t'es complètement épris de ta créature, tu l'as tirée de toi et créée à ton image et à ta ressemblance.»

La confiance de Catherine en Dieu est énormément grande, parce que la miséricorde divine est infinie. «Du néant du péché», fait-elle parler Dieu d'un pécheur, «de ce buisson d'épines qui blesse l'âme, je tirai à l'improviste la rose de son salut.» Jésus, la douce Vérité éternelle, *dolce Verità eterna,* est son ami, de façon évidente mais absolument non sentimentale. Elle expérimente le Christ comme une force élémentaire qui détermine sa vie et jette par-dessus bord toutes les évidences, même les commandements de la justice. «Ma miséricorde s'oppose à la justice», promet Dieu dans le *Dialogo* aux prélats qui sont tombés bien bas, «pour vous vaincre avec la force de ma miséricorde.»

Parce que Dieu est «notre amant», nous devons nous aussi «accourir à lui comme des amoureux», l'accompagner sur le chemin de la croix et avant tout aimer les hommes: «Celui qui m'aime vraiment est une bénédiction pour ses semblables. Cela doit être ainsi, car l'amour pour moi et le prochain est un seul et même amour. L'âme l'aime tout à fait aussi fortement qu'elle m'aime car l'amour qu'elle lui porte coule de moi.» Dieu ne nous sauve pas sans nous.

La mystique apparemment absente qui, au début, voyait dans le «monde tyran» un ennemi des âmes et l'obstacle principal à une vie contrôlée, raisonnable, a de plus en plus appris à aimer ce monde. Elle écrit à une abbesse de Sienne: «Si vous me dites que je ne devrais plus me soucier des choses terrestres, je vous réponds: les choses sont terrestres dans la mesure où nous les faisons telles.» Tout provient de la bonté de Dieu, «donc tout est bon et parfait à sa façon. Je ne veux donc pas que vous évitiez tout effort, sous prétexte qu'il s'agit des choses terrestres, mais vous devez tenir l'œil du cœur dirigé vers Dieu et vous donner de la peine pour les âmes».

Les bonnes choses de ce monde ne deviennent alors dangereuses et encombrantes que lorsque l'homme en abuse, lorsqu'il perd sa dignité à des choses inférieures, quand il «se pend» aux choses, «sans les aligner sur Dieu». Ce sont des mesures dont nous, au XXe siècle, avons davantage besoin que jamais auparavant.

Il nous est considérablement plus difficile, aujourd'hui, d'user de la «sainte haine» de Catherine envers elle-même et de la conscience de sa culpabilité poussée à l'excès. Son expérience mystique fondamentale est celle-ci (exprimée encore dans un dialogue avec Dieu): «Je suis celui qui est — tu es celle qui n'est pas.» De lui-même, l'homme n'est rien. Seul l'amour l'a produit, et Dieu retirerait-il son amour, l'homme cesserait d'exister.

Toi, feu et abîme de l'amour... Four d'amour, as-tu donc besoin de ta créature? Il me semble que tu te comportes comme si tu ne pouvais plus vivre sans elle. Et pourtant, tu es la vie de laquelle tout a la vie et sans laquelle rien ne vit. Pourquoi donc es-tu si follement attaché à ta créature?

Parce que tu t'es épris de ta créature, tu as trouvé en elle ton bon plaisir et ton enchantement, et tu es comme enivré du soin de son salut. Elle t'échappe et tu te mets à sa recherche, elle s'éloigne de toi et tu te sens poussé à t'approcher d'elle. Tu ne pouvais pas t'approcher plus près d'elle qu'en te revêtant de son humanité.

Justement considérée, cette totale dépendance de l'être infime que seul Dieu peut rendre grand et heureux par son amour, fonde précisément la dignité humaine. Justement considérée, la conscience de sa culpabilité — parfois Catherine rend sa propre faiblesse toute seule responsable de l'échec de la réforme de l'Église —, montre combien, à son avis, Dieu a bonne opinion de l'homme. Justement considérée, la «sainte haine» qu'elle propage, le «mépris de nous-mêmes» ne s'appliquent qu'au puissant instinct de l'amour-propre. Et sa radieuse confiance dans le Dieu bienveillant envers les hommes perce toujours; elle veut avoir de lui une telle démesure d'amour que même l'enfer en croule.

La lente mort de Catherine à Rome dura deux mois. Bien qu'elle souffrît des suites d'une hémorragie cérébrale, chaque matin, elle parcourait deux kilomètres pour se rendre en pèlerinage au tombeau de Pierre pour y prier jusqu'à Vêpres, «afin de travailler un peu dans la barque de la sainte Église», comme elle l'appelait. Elle doit avoir terriblement souffert de l'état de cette Église, elle suppliait Dieu de prendre son cœur et de le presser sur la face de son épouse, l'Église! Dans toute sa critique clairvoyante, elle n'a pas été ébranlée dans sa fidélité à l'Église, qui «est bâtie sur l'amour» et rend le Christ visible.

Elle s'affaissa une seconde fois à Saint-Pierre et lutta ensuite huit semaines avec la mort, sans même pouvoir lever la tête. Elle avait l'aspect «d'un cadavre tel qu'on en peint sur les tableaux», rapporte le témoin oculaire et ami Barduccio dei Canigiani, des os qui font saillie sous une mince peau. En s'adressant des reproches («indifférente, ignorante et ingrate», a-t-elle été) et en priant pour le pape et l'Église, elle mourut à l'âge de 33 ans, le 19 avril 1380.

La célébration funèbre dura trois jours et trois nuits. À son enterrement dans l'église Santa Maria sopra Minerva, les Romains pleuraient si fort que le prédicateur ne put parler.

«Une femme qui ne s'est pas tue dans l'Église», voilà comment la désigne une biographie moderne. Au début, elle semble avoir été plutôt timide.

Lorsque le Christ l'envoya au milieu des hommes après des années de solitude, elle se hérissa, selon Raymond, avec l'argument: «Mais je ne suis qu'une pauvre chose et la plus fragile de toutes. Je suis une femme, mon sexe fait souvent obstacle à tout, tu sais combien les hommes dédaignent les femmes...»

Là-dessus, le Christ, presque irrité: «Ne suis-je pas celui qui a créé tous les humains, hommes et femmes? Ne puis-je pas répandre la grâce de mon esprit où je veux?»

Un dialogue qui aujourd'hui encore devrait confondre, dans les Églises, beaucoup d'hommes égoïstes conscients de leur pouvoir. Peut-être le signe que la mystique Catherine a placé au XIVe siècle avec son attitude courageuse, n'est-il correctement compris que maintenant!

Quoi qu'il en soit, cela demeura un épisode — bien que la femme expérimenta en général une revalorisation à l'intérieur de l'Église. Dans les Ordres mendiants, il y avait déjà aux environs de 1300 autant de sœurs que de frères; dans les monastères allemands de femmes, une mystique très individuelle s'est formée, et le mouvement français de prédicateurs ambulants fut de façon décisive empreint de femmes. Mais après quelque temps, le développement s'arrêta.

«Cette faible femme nous confond», aurait dit alors le pape Urbain VI aux cardinaux découragés. Un futur successeur d'Urbain, Paul VI, acquitta bien une vieille dette, lorsqu'en 1970, il déclara sainte Catherine tout comme sainte Thérèse d'Avila *Doctor Ecclesiae,* docteur de l'Église, et loua sa «radieuse sagesse surhumaine». En dehors d'elles aucune autre femme n'a obtenu ce titre d'honneur dans l'Église. Et, comme on le voit, ce titre fit au latin ecclésiastique autant de difficultés qu'à la langue française; en effet, il y a seulement la «Femme docteur», non la doctoresse; mais chacun sait qu'il s'agit là d'une exception.

L'appréciation d'un successeur encore plus éloigné du malheureux Urbain devrait-elle avoir des répercussion futures, à savoir celle du pape Jean Paul II qui, tout juste trois semaines après son élection, visita le tombeau de Catherine?

«En sainte Catherine de Sienne», reconnut le pape Wojtyla, «je vois un signe visible de la mission de la femme dans l'Église.»

La charmante simplicité

Jean-Marie Vianney,
le Curé d'Ars (1786-1859)

CE QUE DIEU PEUT FAIRE
D'UNE PAUVRE VIE HUMAINE

«Au milieu des autres prêtres
je suis comme un idiot!»

C'est un temps excitant, prometteur. Une atmosphère de renouveau règne dans la culture d'Europe. La même année 1786 où la paysanne Maria Vianney met un fils au monde, dans les montagnes près de Lyon, paraît la classique *Ode à la joie* de Schiller, a lieu la première représentation des *Noces de Figaro* à Vienne et à Prague; le poète romantique anglais Robert Burns apporte aussi déjà avec ses *Poems* des tons inhabituels, frais, dans la lyrique amoureuse quelque peu empesée de son époque.

Pendant que le fils du paysan Vianney garde les moutons dans son village et n'entend ni ne voit rien du grand monde, les citoyens cultivés de France lisent les écrits des Lumières de Voltaire et de Diderot et rient de la religion. Le marquis de Sade voit s'effondrer, en même temps que la foi à un Dieu juste, toutes les barrières morales, et choque ses contemporains par des romans qu'il écrit, alors qu'il est encore détenu à la Bastille de Paris et dans lesquels triomphe le vice. Son contemporain de Laclos annonce dans *Les Liaisons dangereuses* que le vrai homme sage saura se procurer l'assouvissement de tous ses désirs, sans se laisser gêner par des considérations encombrantes.

C'est un temps de vanité, et le plaisir d'assister à une parade de mode, réservé jusque-là aux gens de cour, se communique à la bourgeoisie. Mais ces mêmes dames qui peuvent choisir entre deux cents sortes différentes de chapeau s'intéressent visiblement à un mode de vie près de la nature, plus simple, elles renoncent au corset et aux domestiques et vont s'installer à la campagne.

Joseph et Étienne Montgolfier font monter — dans la proximité de Lyon, pas tellement loin de la cour des Vianney — le premier ballon à air chaud, à une altitude de quatre cents mètres. Deux ans plus tard, des hommes volent déjà en ballon de l'Angleterre à la France.

Les relations sociales si fortement enracinées commencent aussi à bouger. L'année de la naissance de Vianney, on rapporte des grèves des travailleurs de la soie, qui, même avec dix-huit heures de travail par jour, ne peuvent pas nourrir leur famille. Les autorités municipales annoncent une hausse des salaires, font tirer un bataillon d'artillerie sur les grévistes et reviennent sur leur engagement, après que les tisserands de la soie aient repris leur travail.

Le fils de paysan du petit village de Dardilly, timide, pas particulièrement doué, comprend très peu de tout cela. Même après qu'il eût fait son séminaire au milieu de grandes difficultés et qu'on lui eût assigné une toute petite paroisse de campagne, la culture et la politique de son temps lui demeurèrent lettre close. Il ne s'intéresse pas aux révolutions de la vie intellectuelle de son époque, ni aux inventions excitantes, ni aux exploits scientifiques. Il ne se croit même pas capable de comprendre tout cela.

«Je suis comme un zéro», dit-il de lui-même, «qui n'a de valeur qu'à côté des autres chiffres.» Il n'a rien étudié de particulier, il n'a même pas pu «marteler» le latin «dans ma tête dure». Il ne s'agit pas d'une coquetterie calculatrice, lorsqu'il avoue: «Au milieu des autres prêtres, je suis comme Brodin» — Brodin était l'idiot du village de sa région.

Mais la simplicité qu'admet avec une probité si désarmante ce prêtre timide produit un effet enchanteur. De partout viennent les gens afin d'entendre ses prédications et recevoir son conseil au confessionnal. Le curé de village, que beaucoup de confrères tiennent pour un imbécile et qui approuve en toute conviction leur jugement, devient le prêtre le plus célèbre de France.

La vie pauvre mais si rayonnante de Vianney nous apprend ce que Dieu peut faire d'un homme faible lorsque celui-ci s'engage radicalement pour lui.

Le curé d'Ars l'a déclaré lui-même de la façon la plus claire. «Dieu se sert de moi, comme un menuisier de son rabot», dit-il une fois. «Si Dieu avait pu trouver un prêtre encore plus imbécile et encore moins digne que moi, il se serait plutôt servi de lui que de moi, pour faire connaître la grandeur de sa miséricorde!»

Une volée de coups de bâtons pour la première prédication

Enfant, il est apparu, déjà, un peu bizarre: un jour, dans le petit village de Dardilly, au sud de la France, un voisin inquiet vint à la paysanne Vianney et rapporta, hésitant, que son fils Jean-Marie le tenait pour le diable! «À chaque fois qu'il me voit, le gamin fait le signe de la croix.» Sur ce, la paysanne compréhensive exhorta son petit à accomplir ses exercices de piété de façon plus discrète.

Si l'on en croit la légende qui s'est vite répandue, le gamin du sud de la France était, dès son berceau, un ange complet. La prière lui aurait causé autant de plaisir qu'à d'autres jeunes la chamaillerie. Quand lui et sa sœur gardaient les misérables troupeaux de leurs parents — trois moutons et un âne —, il laissait souvent celle-ci seule à tricoter sa chaussette et se glissait furtivement à son «autel». Dans la grotte d'un vieux pré, il avait placé une statue de la mère de Dieu ornée de mousse et de fleurs.

Il aimait passionnément «jouer l'église», rapportent ses biographes étonnés, et organiser des processions solennelles avec ses amis, dans lesquelles Jean-Marie jouait toujours, naturellement, le rôle du curé. C'est un péché de frapper les animaux lorsqu'on est en colère, prêcha-t-il à ses camarades — et il reçut lui-même d'un mufle qui était plus fort que lui une volée de coups de bâtons.

Cependant, tout cela témoignait moins d'un saint «né» que d'une éducation empreinte de christianisme de fond en comble, dans la maison de la famille de petits cultivateurs des Vianney. La mère, archicatholique, intériorisée, affectueuse, semble avoir été fixée sur lui. «Tes frères et sœurs offenseraient-ils Dieu», lui dit-elle, «je serais triste — mais je le serais encore beaucoup plus, si c'est toi qui l'offensais.»

Du reste, dans les maisons bien catholiques, la plupart des enfants, un moment ou l'autre, jouent «l'église» avec enthousiasme; en tout cas c'était comme ça, il y a peu de temps. Pour ces jeunes à un stade de développement déterminé, le prêtre appartient aux professions rêvées, tout comme le conducteur de locomotive ou — aujourd'hui — le pilote de navette spatiale; dans la réalité, ensuite, la plupart n'atteignent que le stade de servant de messe et plus tard de conseiller fiscal.

Par bonheur, il y a aussi des témoignages qui rapportent le «caractère très bouillonnant» du petit Jean-Marie et le qualifient de joyeux petit diable. Toutefois, on peut reconnaître déjà à cette époque des traits malsains dans sa piété.

Il fuit la tendresse comme la peste. Ses yeux bleus radieux

plaisent à la fille du voisin, âgée de 17 ans, et elle lui demande, ingénue, s'il veut la marier plus tard — naturellement seulement avec le consentement des parents. «Non, jamais», se défend, indigné, Jean-Marie, qui avait le même âge, «ne parlons plus de cela!» Plus tard, il ne se laisse même pas embrasser par des cousines de trois ans, il ne caresse, dans sa paroisse, que les garçons, et il se vante d'avoir même parfois renoncé à l'embrassement de sa mère, «même si cela est permis».

Le petit garçon de paysan expérimente l'Église d'abord comme Église *persécutée* — il est important de le savoir, afin de pouvoir comprendre plus tard l'étroitesse et le scrupule dans ses relations avec le «monde». En 1789, Jean-Marie a trois ans, la grande Révolution commence à ébranler la France. En 1790, une loi de l'état, la *Constitution civile du Clergé*, fait des prêtres des employés de l'état, payés par lui, et exige d'eux le serment à la nouvelle constitution. Cent trente des cent trente-quatre évêques refusent de prêter serment mais chez les curés cette proportion est de 46 000 sur 70 000.

Les années suivantes, on trouve ces prêtres en fuite partout en France, déguisés en paysans et petits ouvriers, cachés dans des granges et des étables. La cour des Vianney devient un point de ralliement d'une Église des catacombes, où entrent et sortent les «opposés au serment» où se réunissent des chrétiens à qui on a trop parlé en chaire de «vertus civiques» et de libertés.

Car la révolution a ainsi commencé: comme bain de purification pour une société criante d'injustice, comme mouvement social de libération préparé par la noblesse progressive, salué avec enthousiasme par la bourgeoisie, désiré par les classes pauvres — et supporté par le bas clergé. À ses débuts, la Révolution française n'était en aucune façon ce démon infâme surgissant des abîmes insondables de l'enfer, telle qu'elle est décrite dans une littérature historique catholique populaire, certes, mais non authentique. Les révolutionnaires ne combattirent pas contre le ciel, mais contre ses avocats terrestres qui vivaient dans les palais épiscopaux et à la cour du roi.

Selon des évaluations, un cinquième de tout le sol de France appartenait alors aux princes de l'Église. Tandis qu'ils exigeaient beaucoup de redevances de leurs fermiers et des petits cultivateurs, ils étaient eux-mêmes libérés d'impôts. Le revenu annuel de l'Église de France s'élevait à environ 150 millions de livres, ce qui équivaut à au moins 185 millions de dollars. Les pauvres curés de campagne en voyaient peu, ils devaient verser à leur évêque la dîme tout comme les paysans. Tandis que le noble clergé — où paradoxalement pullulaient l'incroyance des lumières et un relâchement décadent — tenait de façon opiniâtre à l'ancien régime et que le pape de Rome préparait une condamnation des droits humains généraux, une quantité de petits curés et de moines firent cause commune avec les révolutionnaires.

Comme la révolution dégénérait en terreur et dévorait ses propres enfants, il y avait aussi des enfants catholiques qui voyaient noyés dans le bain de sang de la guillotine omniprésente leurs rêves pieux de liberté et de justice pour tous. À Paris, les soldats ivres forniquaient avec les filles faciles dans la cathédrale Notre-Dame, la populace, en braillant, abattait des prêtres détenus par douzaines. Robespierre essaya de remplacer la religion par un culte insipide de l'«Être Suprême».

Pas très loin de Dardilly, à Lyon, la guillotine travaille avec empressement, comme un marteau de forge: guerre civile entre républicains et royalistes. En peu de mois, il y a plus de 1600 exécutions de perpétrées. Des Jacobins radicaux conduisent un âne déguisé en évêque à travers les rues, la mitre sur sa tête dure, la bible et le crucifix attachés à sa queue. Avec des missels et des statues de saint, ils allument un feu de joie où ils jettent des hosties consacrées.

Naturellement, la province ne demeure pas à l'abri de tels

excès. Même à Dardilly, les soldats de la révolution cherchent les prêtres qui refusent de prêter serment. La nuit, des prêtres célèbrent une messe secrète dans la ferme de Vianney avec des partisans conjurés. La famille risque beaucoup à cela: qui garantit asile à un tel prêtre peut être exécuté sans procédure. Qui dénonce un proscrit reçoit 100 livres en récompense.

Le petit Jean-Marie prend part avec enthousiasme à ces aventureux services du culte nocturnes et entraîne dans la maison de ses parents hospitaliers des foules de mendiants et de gens sans toit. Il cache sous sa chemise la statue de la mère de Dieu, sa plus chère possession.

La formation que reçoit le fils de paysan se limite au strict nécessaire: un peu de lecture et d'écriture, un enseignement religieux secret chez des religieuses chassées de là. Derrière les contrevents fermés, les enfants de Dardilly reçoivent leur première sainte communion, tandis que dehors, en guise de camouflage, les hommes, très occupés, déchargent un chariot de foin. Jean-Marie est demeuré un enfant d'une piété remarquable; à chaque heure, il récite un Ave Maria et se répète: «Le temps passe, l'éternité vient. Nous voulons vivre, comme si nous devions mourir une fois...» Beaucoup de camarades rient de lui: «Voyez-le se battre avec son ange gardien!»

Déserteur des bannières de Napoléon

Jean-Marie, qui travaille comme serviteur sur la petite ferme de ses parents, bêche la vigne, laboure le champ et dort dans l'étable, il voit maintenant son rêve de prêtrise se placer soudain à portée de la main. L'énergique résistance de son père, certes pieux, mais réaliste, qui craint pour son meilleur employé et ne sait pas comment il pourra payer des études, ne l'influence pas particulièrement.

Mais le même Napoléon, à qui l'Église doit sa liberté retrouvée, lui jette encore un épais rondin entre les pieds: parce qu'il a besoin de soldats pour ses guerres contre l'Autriche et l'Espagne, il recrute les dernières réserves. Même le jeune Vianney reçoit son appel, très manifestement une erreur officielle, car son curé l'a déjà placé sur la liste des candidats à la prêtrise, qui sont libérés du service militaire.

Déconcerté et effrayé, il ne demeure que deux jours à la caserne; ensuite, gravement malade, il est transporté dans un hôpital urbain. «Je n'ai mangé qu'une ration de campagne du gouvernement», plaisante-t-il plus tard. Comme il doit ensuite marcher à la frontière espagnole avec un bataillon d'infanterie, il manque son détachement, court d'abord derrière l'arrière-garde et se joint encore le même jour, sans beaucoup réfléchir, à un déserteur qui l'amène dans un village isolé, caché dans les forêts de la montagne.

Jean-Marie vit là deux ans, dans une petite ferme, sous le faux nom de Jérôme Vincent, il apprend aux enfants la lecture, l'écriture et les prières de la messe; il trouble par son intense piété la vie familiale (Louis, âgé de treize ans, ne veut pas le laisser dormir à côté de lui parce qu'il prie la moitié de la nuit), il charme néanmoins la famille qui l'héberge, au point que dans sa prévoyance elle lui fait tailler une soutane de prêtre. Le père, fidèle à l'État, est sans doute aigri par la désertion de son fils; la mère, ruinée par le chagrin, meurt quelques semaines après son retour rendu possible par une grande amnistie.

Les biographes ont toujours abondamment caché et excusé cet épisode apparemment douloureux de la vie d'un saint; Jean-Marie aurait glissé dans cette existence à l'arrière-plan seulement à cause de sa naïveté sans y être pour rien. Et si d'aventure ils prennent au sérieux le déserteur Vianney, ils lui reprochent d'être un mauvais patriote.

Pourquoi ne lui concède-t-on pas que — comme bon nombre

de ses contemporains — il était simplement dégoûté du belliqueux Napoléon qui gouvernait en tyran et de l'impérialisme de la grande bourgeoisie française? Beaucoup alors ont déserté et ne l'ont pas regretté, comme Vianney. Comme curé, il prenait encore plaisir à raconter, avec des yeux scintillants, aux enfants du catéchisme comment il s'était caché des gendarmes dans un tas de foin et avait ressenti une peur mortelle quand ils piquaient dans le foin ici et là avec leurs baïonnettes.

Le curé d'Écully, Charles Balley, homme formé, assuma l'avancement du candidat Vianney à la prêtrise et l'accueillit dans son école paroissiale, une sorte de préséminaire. Mais autant Jean-Marie fascine humainement, si marquées soient son intuition et sa force de volonté, dans le domaine intellectuel, il se montre passablement limité.

Sa mémoire est une passoire, la grammaire lui cause des difficultés insurmontables. «Je ne pouvais rien marteler dans ma misérable tête», admet-il sincèrement plus tard. Âgé de vingt et un ans, il est professeur auxiliaire auprès d'un jeune de douze ans et il s'y prend de façon si harassante qu'une fois, le jeune, désespéré, le gifle.

Prière et jeûne n'y servent à rien, ni non plus un pèlerinage à pied de cent kilomètres accompli avec de grandes espérances. Jean-Marie est tenté de tout jeter par-dessus bord.

À vingt-six ans, il peut finalement entrer au séminaire, où il est incapable de suivre les cours en latin et éprouve aussi des difficultés avec l'enseignement supplémentaire en français pour les plus faibles. Avant tout, la philosophie lui demeure lettre close. Très tôt, les professeurs cessent de poser quelque question à ce cas désespéré et lui recommandent instamment de quitter.

Balley le dissuade de son projet, résigné à en faire maintenant simplement un religieux. Il étudie avec lui et obtient qu'il soit admis à l'examen. Résultat: Jean-Marie échoue lamentablement. Quand il voit les mines sévères du collège et entend les questions latines, c'est fini. Tout se brouille dans sa tête, il ne profère aucune phrase claire.

La partie est-elle toute perdue? Le curé Balley, énergique et inébranlable dans sa foi aux capacités cachées de son enfant qui lui cause beaucoup de soucis, court à la direction diocésaine de Lyon, parle, conjure, argumente, supplie jusqu'à ce qu'on permette, en soupirant, à Vianney de subir encore une fois un examen — cette fois en français et en présence de Balley. Le candidat ne présente pas précisément une image éclatante, mais maintenant on est satisfait.

Le Vicaire Général Courbon pense au manque menaçant de prêtres, s'informe de la piété de Vianney («Peut-il dire son rosaire?») et l'admet à l'ordination: «La grâce de Dieu fera le reste.» Le document contient la clause prudente que Vianney ne recevra le plein pouvoir de la confession qu'à un moment ultérieur déterminé par la volonté de ses supérieurs...

Une humiliation de plus à la fin d'une période de formation qui a rapporté à Jean-Marie Vianney, chez beaucoup de confrères, la réputation d'un saint imbécile. Lui-même en tire ses propres conclusions: «Quand je considère la façon dont Dieu m'a pris, je suis tout à fait hors de moi!» Toute sa vie, il se tient pour un pauvre idiot, et cela n'est pas un jeu de coquetterie avec une fausse modestie, mais bien sa parfaite conviction. Il n'attribue rien de ce qu'il atteint et anime à son propre accomplissement; tout est grâce de Dieu.

L'Église de France a reçu un prêtre tel qu'il y en a seulement un à tous les cent ans: libre de la plus petite lueur de vanité intellectuelle et de la désagréable conscience de supériorité morale qui empreint malheureusement si souvent les pouvoirs chrétiens de direction.

Jean-Marie Vianney n'est de fait rien de plus qu'un vase de verre, dans lequel le ciel s'irradie sur la terre.

Les simples gens d'Écully ont évidemment pour cela un flair plus fin que les autorités diocésaines et les stricts examinateurs du séminaire. Ils affluent en grand nombre dans l'église, quand il est assigné vicaire à son ami Balley, et, après qu'il eût finalement obtenu plein pouvoir de confesser, ils assiègent son confessionnal.

Le curé Balley meurt deux ans plus tard. Mais bien qu'une délégation d'Écully demande à l'archevêque que Vianney lui succède, la direction de l'Église tient toujours en piètre estime le candidat si limité à l'examen. On l'envoie dans la communauté d'Ars, qui compte 230 âmes, située sur le haut plateau des Dombes, un nid abandonné à 35 kilomètres de Lyon qui, déjà depuis quelques mois, est sans pasteur. Quelques maisons basses, en briques, couvertes de paille, dans une forêt d'arbres fruitiers, une église délabrée, le tabernacle vide et les cabarets d'autant plus pleins. Dans le clergé, cette région passe pour une sorte de Sibérie, la nomination à Ars est perçue comme une mutation pour sanction disciplinaire. On pense bien que là un Vianney ne peut pas gâter beaucoup de choses.

«Vous ne trouverez pas là beaucoup d'amour de Dieu», lui annonce sans fard le Vicaire Général Courbon, «vous devez l'apporter».

Que veut la figure ridicule?

Le village était pauvre, ses habitants un peu dégradés, certes, mais Ars n'était pas une colonie de criminels. Les gens semblaient inconsistants, endurcis, désillusionnés, aigris; ils avaient perdu leur foi en Dieu et en l'humanité et ne se fixaient plus de buts élevés, une génération typique d'après-guerre.

«Personne, à Ars, il est vrai, n'aurait volé un sou de la poche de son voisin», rapporte un des premiers biographes de Vianney, «mais peu seulement se faisaient un remords de conscience de tromper dans la vente d'animaux ou d'emballer une botte de chanvre de manière à ce que les mauvaises parties soient adroitement cachées. Les pères riaient lorsque leurs enfants venaient à la maison leurs tabliers pleins de betteraves volées.»

Avec une charrette branlante qui contient un châlit de bois, une couple de livres et des vêtements, Vianney fait son entrée à Ars. Un jeune berger qui lui indique le chemin, ne reçoit pas le sou espéré, mais la pieuse promesse: «Mon petit ami, tu m'as montré le chemin d'Ars, je te montrerai le chemin du ciel!» Jean-Marie Vianney ne sait pas dans sa naïve confiance en Dieu ce qui lui arrive. Que connaît-il du monde en dehors de la cour de la maison et du séminaire!

Seules quelques vieilles femmes assistent à la première messe du nouveau curé. Au lieu de fondre en apitoiement sur lui-même, Vianney se met à déblayer sa demeure trop confortablement meublée: les chaises joliment tournées, couvertes de velours, la table de salle à manger, les draps et taies d'oreiller, la poêle à frire — il n'a pas besoin de tout cela. Le presbytère devient un pauvre ermitage.

Aussitôt que cela est fait, il se met à sa tâche, formulée très simplement et cependant dépassant toute force humaine: il doit convertir 230 hommes.

Il est devenu pasteur d'Ars — cela veut dire qu'il est responsable du bonheur éternel de chacun des habitants, point. Pas de stratégies ratiocinées, pas de considération prudente sur qui pourrait être intéressé, somme toute, à ses services pastoraux.

Ars est ici, avec 230 hommes qui lui sont confiés, et le ciel est là, qui attend ces 230 hommes. Et lui, le curé d'Ars, se trouve au milieu, une responsabilité gigantesque sur les épaules.

Quelques personnes se joignent à lui dès le début, le maire

Mandy, quelques familles, la vieille châtelaine des Garets avec son serviteur encore plus vieux. La grande majorité, sans doute, prend à peine note du nouveau pasteur qui se comporte comme un missionnaire et émet de puissantes revendications à peine arrivé dans leur village.

Après tout, que veut donc cette figure ridicule? La taille d'à peine 1,58 mètre, une forme épuisée autour de laquelle flotte une soutane usée, les yeux cachés derrière des lunettes ovales, Vianney traîne les pieds dans ses souliers grossiers de paysan qu'il a lui-même rapiécés sur la place du village — il n'est vraiment pas un phénomène intéressant. «Il n'avait pas l'attrait de la jeunesse», le décrit un abbé de ses amis. «Sa figure était blême et osseuse, son corps chétif, son allure lourde, son expression timide, voire gênée, toute la coupe de son apparence plutôt ordinaire que fine...»

Seuls ses yeux pouvaient jeter du feu. Son regard pénétrant — qui n'examine pas avec méfiance, mais ouvert, sans appui, qui renonce à tout masque — est demeuré dans la mémoire de tous ceux qu'il a rencontrés une fois. «Parfois ses yeux brillaient comme un diamant», se rappelle l'un d'eux.

Ce regard éveillé déconcerte et fascine les gens lorsqu'il les visite durant leur travail aux champs ou se tient soudain dans la porte pendant le repas de midi, parce qu'il peut être plus sûr à cette heure-là de trouver toute la famille à la maison... Il visite constamment ses paroissiens, demande, réclame, raconte, s'informe de la récolte et des enfants. Un curé encombrant, qui a l'air de ne pas pouvoir compter jusqu'à trois, mais qui ne laisse pas manger en paix.

Et ensuite ces prédications! Ce qui nous est resté de ses allocutions nous permet seulement de conclure qu'il a mené de la chaire, dimanche après dimanche, une véritable campagne; combatif, intransigeant, il avait assez souvent un ton passablement agressif et parfois très injuste. Les ennemis principaux de ce combat de tous les dimanches sont l'ignorance religieuse, le travail du dimanche, les jurons, les cabarets et la danse.

«Une personne ignorante en matière religieuse», argumente le curé, «ne voit pas toute l'étendue du mal qu'elle cause, ni non plus le bien qu'elle perd par le péché.» Parce qu'il considère l'ignorance dans les questions de foi pour la cause la plus profonde de la paresse et de l'indifférence religieuses si enracinées à Ars, il va chercher les enfants pour son enseignement du catéchisme — où il ne dédaigne pas du tout les petits trucs et promet, à ceux qui sont les premiers dans l'église, une merveilleuse petite image pieuse — il adjoint également plus tard les personnes plus âgées.

«Vous travaillez, vous travaillez! Mais ce que vous gagnez détruit votre âme et votre corps», rabroue-t-il avec ces paroles ceux qui dans la saison chaude vont plutôt aux champs avec la faux au lieu d'observer le repos dominical et d'assister au service divin. «Quand je vois des gens se promener en charrette le dimanche, je m'imagine qu'ils conduisent leur âme en enfer!» tempête-t-il de la chaire, querelleur et fougueux comme Don Camillo, mais sans son humanité ni sa disposition à la réconciliation. Il n'a rien de commun avec les curés de village tels que le siècle précédent en a produits en Allemagne du sud, bonshommes, buveurs, profondément pieux, mais aussi très indulgents envers les péchés et les faiblesses de leurs semblables.

Ce faisant, il ne lutte pas seulement de manière opiniâtre pour quelque loi ecclésiastique, mais il défend un sain rythme de vie et les besoins non matériels de l'homme, qui ne vit pas seulement de pain, mais aussi de l'adoration et de l'amour: «L'homme n'est pas seulement une bête de travail, il est créé à l'image de Dieu!» Le dimanche doit devenir une fête pour les habitants d'Ars, qui autrement triment durement, une occasion «de se reposer un peu chez Notre Seigneur».

Certes, un chrétien tiède accomplit encore régulièrement ses devoirs, du moins en apparence... Mais il fait tout cela tellement de mauvaise grâce, avec tant de négligence et d'indifférence, avec si peu de préparation intérieure, et il change par là si peu sa vie qu'on voit très clairement qu'il remplit justement ses devoirs seulement par habitude, par routine, parce que justement c'est fête et qu'il fait habituellement cela en ce temps-là.

Mais c'est une foi sans ardeur, une espérance sans constance, un amour sans ferveur, un amour inactif et sans force... Ah, mes frères, cette pauvre âme est dans sa tiédeur comme quelqu'un d'étendu dans un demi-sommeil.

Une âme tiède ne commet pas, si vous voulez, de péchés graves. Mais une médisance, un mensonge, un mouvement de haine, d'aversion, de jalousie, une petite dissimulation lui coûtent moins que rien. Si on ne lui accorde pas l'attention qu'elle croit mériter, elle le laisse clairement sentir, parce qu'elle pense bien qu'ainsi on offense Dieu. Il lui serait plus juste d'admettre qu'on l'a elle-même offensée. Tout ce qui n'est pas précisément péché grave est assez bon pour ces gens... Ils veulent faire le bien, mais sans effort ou du moins seulement très peu. Ils se soucieraient volontiers, il est vrai, des malades, mais les malades devraient venir à eux. Ils ont assez d'argent pour des aumônes, ils connaissent même des gens qui pourraient en avoir besoin, mais ils attendent qu'ils viennent et leur demandent...

L'âme tiède enferme son Dieu en elle-même comme dans une prison obscure, sordide. Elle ne tue pas Dieu, mais il ne trouve dans ce cœur ni joie ni consolation.

Les jurons qui appartiennent au vocabulaire quotidien de ses durs paroissiens lui font mal corporellement. Comment peuvent-ils exprimer de si vilaines pensées comme «Que le diable vienne me chercher» ou «Dieu me maudisse!» Comment peuvent-ils en toute haine se souhaiter mutuellement la mort, comment un homme peut-il dire à sa femme: «Maudite femme, je n'aurais jamais dû te connaître!» Comment peuvent-ils maudire leurs enfants comme «rôtis de Satan» et leur souhaiter d'aller à tous les diables! Sans gêne, le curé cite en chaire le langage vulgaire employé dans le village et avertit: «Malheureux! Vos jurons produisent leur effet plus souvent que vous ne le pensez.»

Il fait des cabaretiers de l'endroit ses ennemis acharnés lorsqu'il stigmatise leurs cabarets d'«ateliers du diable», d'endroits «où l'on bazarde les âmes, où les familles se dépravent, où l'on enfouit sa santé, où les querelles ourdies culminent par les meurtres perpétrés».

Par là, il entend moins le plaisir innocent de la table des habitués que l'alcoolisme avec ses suites désastreuses pour les familles qui sont déjà dans l'indigence: «Les cabaretiers volent aux femmes et aux enfants leur pain quotidien, en amenant les ivrognes à gaspiller en un seul dimanche tout le salaire de la semaine... Croyez-moi, mes amis: le diable ne se fait absolument aucun souci des cabaretiers; il les déteste tellement qu'il crache simplement sur eux.»

Mais c'est contre la passion des villageois pour la danse que le curé d'Ars peut s'emporter le plus. Contre elle, il mène pendant vingt ans une petite guerre acharnée, que nous ne pouvons comprendre que si nous savons quelles mœurs relâchées régnaient à l'époque lors des fêtes rurales où la danse se prolongeait jusqu'aux premières heures du matin.

En un temps où les moyens anticonceptionnels étaient inconnus, où une double morale permettait tout aux jeunes hommes, mais très peu aux jeunes filles et où les mères célibataires étaient proscrites comme des lépreux, un brave curé de campagne, avec sa formation morale qui l'éloignait du monde, ne pouvait faire autre chose que lever les bras au ciel et prévenir contre les «joies infernales» (Vianney) de la salle de danse. Et Ars était en fin de compte connu dans tout le voisinage pour sa jeunesse heureuse de vivre.

Néanmoins, la sombre agressivité avec laquelle le curé a mené la lutte contre l'ensemble des fêtes du village, «où jeunes garçons et jeunes filles boivent à la source du vice» peut nous sembler aujourd'hui étrange, voire effrayante. Il défend même à ses paroissiens de regarder. Non, il ne peut en aucune façon conduire sa fille à la salle de danse, déclare-t-il catégoriquement à un père de famille, car «si *elle* ne danse pas, son cœur, lui, danse». Celui qui vient se confesser à lui et n'a pas l'intention d'abandonner la danse, doit parfois attendre l'absolution pendant des mois.

De la chaire, il sermonne impitoyablement les parents qui laissent aller leurs enfants à la salle de danse pour avoir la paix avec eux ou parce qu'ils leur envient ce plaisir. Pourquoi ne laisseraient-ils pas leur fille aller seule même une fois, une couple d'heures avec un homme? elle sera raisonnable.

Vianney: «Dis-moi, bonne mère, étais-*tu* raisonnable lorsque tu étais dans la même situation que ta fille?»

Et ensuite ces mères se réjouissent encore «que telle demoiselle se soit mariée à tel monsieur qui est un bon parti». Ces mères qui parent leurs filles et pour autant se mettent dans les dettes, qui encouragent leurs filles à ne pas être si gênées et à se faire assidûment des connaissances...

Mais on ne pourrait jeter de la paille sèche dans le feu et avertir naïvement cette paille de ne pas brûler! «Mères aveugles», juge Vianney résigné.

Naturellement, cette prédication morale porte des traits malsains. Au lieu d'apprendre aux jeunes le tact et la retenue dans leurs plaisirs, au lieu d'éduquer les jeunes hommes à plus de sens de leurs responsabilités, le curé se conduit comme un tonnerre et ne se repose pas avant d'avoir banni totalement la danse de sa paroisse (au cours des années, il y a de fait réussi). Vianney ne réclame pas des services sans alcool dans les cabarets, non, les cabaretiers doivent complètement disparaître (et cela aussi, il l'obtient).

Vianney est un ennemi craintif des petites joies; il ne peut pas voir la table des habitués comme le lieu d'une détente méritée et de bonnes conversations, mais seulement comme la porte de l'enfer. Un ascète entêté, qui certes n'aurait pas compris que dans la danse l'âme aussi peut s'exprimer et qu'aujourd'hui ici et là on cherche même à faire entrer la prière dansée dans le service liturgique.

Jésus Christ lui-même a condamné le monde et ses joies, affirme Vianney, inflexible — comme si Jésus n'avait pas été un homme joyeux, friand de paraboles humoristiques, qui participait volontiers aux noces et aux banquets et à cause de cela diffamé comme «glouton et ivrogne» (Mt 11, 19) par les scribes exsangues. Vianney voit la chose autrement: «N'a-t-il pas dit: ce monde dépravé, ce monde malheureux! Voyez, mes frères, Notre Seigneur n'a pas dit: Heureux ceux qui rient, heureux ceux qui dansent! Au contraire, il a dit: Heureux ceux qui pleurent, heureux ceux qui souffrent!»

Non, le curé autoritaire («La reine Victoria règne en Angleterre, je règne à Ars»), qui offre aux musiciens le double de leur cachet pour qu'ils demeurent loin d'Ars, cet abbé intolérant risque de perdre notre sympathie par sa faute avec de telles scènes.

Mais qui dit que les saints doivent toujours avoir raison?

Un miracle que les jeunes, irrités, ne l'aient pas chassé de là ou du moins ne l'aient pas emprisonné dans son misérable presbytère lorsque la *Vogue*, la danse du village, était annoncée. De fait des rumeurs sauvages furent répandues sur son compte. Une jeune fille, qui eut un enfant illégitime et qui demeurait dans le voisinage du presbytère, l'accusa d'en être le père. La nuit, sous sa fenêtre, on braillait. L'évêque reçut des lettres d'accusation anonymes. Mais pourquoi ne lui est-il rien arrivé? Pourquoi toujours plus d'hommes tenaient-ils à lui?

Évidemment, on commença à ébruiter qu'il n'y avait pas là seulement un célibataire frustré, aigri, qui cherchait à gâter le plaisir que prennent les jeunes à la vie. On reconnaissait que les sermons enflammés de Vianney n'étaient qu'une partie — peut-être la moindre — de son programme pastoral. Ce qui dans le langage théologique moderne pourrait s'appeler «députation» était beaucoup plus décisif pour lui: Vianney prie et fait pénitence pour sa paroisse et ce, dans une mesure inimaginable. Il essaie de remplacer dans son propre corps ce qui manque à Ars, de foi, d'espérance, d'amour.

«Le salut des âmes doit coûter quelque chose!»

Bientôt, les gens apprennent ceci qui les impressionne grandement: notre curé «demeure» dans la sacristie et dans l'église. Il y travaille, il y passe des journées entières et des demi-nuits. À deux heures de la nuit, il a l'habitude de se lever et de réciter son bréviaire, jusqu'à ce qu'il passe dans l'église, avant la pointe du jour. Là, il s'agenouille pendant des heures devant le tabernacle, dans un dialogue muet avec Dieu, qui n'est interrompu que par la messe matinale et la visite des malades. Il laisse rarement l'église avant les coups de midi; parfois, il prie jusqu'au soir.

Et même lorsque, l'après-midi, il fait une promenade à travers les champs et visite les paysans, il emporte son bréviaire. Un jour, quelqu'un le découvre agenouillé au cœur de la forêt et balbutiant toujours avec des sanglots: «Mon Dieu, mon Dieu, convertis ma paroisse!» Ébranlé, l'observateur involontaire s'éloigne en s'efforçant de ne pas mettre le pied sur les branches.

Sous sa soutane, qui dans son état délabré ne l'induit certainement pas à la vanité, Vianney porte une grossière chemise de pénitence, il se serre le bras dans une chaîne piquante. La nuit, il se frappe jusqu'au sang avec un fouet. «Vous avez prêché?» demande-t-il une fois non sans ironie à un confrère qui se plaint de ses paroissiens à peine abordables. «Avez-vous aussi prié? Avez-vous aussi jeûné? Avez-vous aussi dormi sur la dure? Aussi longtemps que vous n'avez pas fait cela, vous n'avez pas le droit de vous plaindre.»

Vianney n'arbore pas son style de vie pauvre comme une bannière ecclésiastique. Il prend bien garde que personne ne connaisse quoi que ce soit de ses pénitences. Mais beaucoup de choses se divulguent — comme l'usage régulier du fouet, dont le sifflement et le claquement inquiétant ne demeurent pas cachés aux voisins.

Les gens restent interdits, réfléchissent: il fait ce qu'il dit, il ne fait pas que prêcher! Petit à petit, à Ars, ce qu'a dit dès le début le pieux maire devient l'opinion publique:

«Nous avons une pauvre église, mais un saint curé!»

Ce simple Jean-Marie est ainsi tout autre que nombre d'administrateurs de paroisse parfaitement scolarisés de nos jours, desquels on ne flaire rien dans leur paroisse, parce qu'ils ne s'occupent pas des hommes et parce qu'ils ne *se* donnent pas, mais offrent simplement leur service.

Vianney, le naïf, le maladroit, sans formation théologique, ne poursuit aucune stratégie et n'a aucune méthode miracle. Il ne possède que son humanité, son authenticité, son amour indescriptible. Il est toujours là, toujours éveillé, toujours prêt à écouter. Vianney n'a pas d'heures de consultation ni d'agenda. Un soir libre? Des vacances de repos? Impensable! Il est là, à tout temps du jour et de la nuit, pendant 41 ans, jusqu'à sa mort.

Personne n'a compris alors ses folles pratiques de pénitence, mais les gens d'Ars sentent *pourquoi* il fait cela: parce qu'il les aime tous et chacun infiniment et parce qu'il veut qu'ils croient. Car en cela consiste leur bonheur.

Le curé rassemble des jeunes filles autour de lui pour une communauté distincte, qui récite régulièrement le rosaire — cela va les détourner de la danse, pense-t-il. Il réanime les confréries oubliées de la paroisse, introduit les vêpres du soir dans l'église et fait une campagne incessante pour la prière commune en famille.

Pour élever le niveau d'éducation de la petite bourgade, il aménage une école de jeunes filles à côté de l'église. Vianney traîne lui-même des pierres, délaie le mortier et dessine les plans. Il place tout son héritage paternel dans le projet, et comme cela ne suffit pas, il va mendier.

L'école demeure fermée aux familles plus fortunées; Vianney se concentre sur les pauvres. Tôt la maison devient un asile pour orphelins et enfants trouvés dans la rue. Beaucoup sont venus demi-nus et pleins de vermine, rapporte une collaboratrice. Le curé appelle la maison *Providence.* Pour lui-même cette communauté devient le seul refuge où il peut se reposer un peu. «Ma petite famille», appelle-t-il tendrement les jeunes filles. Pendant vingt ans, il vient se chercher ici chaque jour une petite cruche de lait, son modeste petit déjeuner. Par moments, il y avait à la *Providence* plus de soixante adolescentes hébergées. Elles apprenaient à tricoter, coudre, laver, faire la cuisine et obtenaient dans la seule classe existante une formation scolaire qui n'était pas particulièrement exigeante. Le curé les aidait aussi plus tard dans la recherche d'une position et les conseillait pour leur mariage.

Une telle forme pratique de pastorale plaisait aux gens d'Ars. Mais ce qui leur plaisait encore plus, c'était la modeste vie de leur curé. Même si cela leur paraissait vraiment étrange que ce faisceau d'énergie épuisé, impatient, ne connût apparemment aucun besoin.

Il dormait au plus quatre heures. Normalement un repas par jour lui suffisait. «Repas» eh bien! il consistait en deux galettes de pain indigestes ou bien d'une, deux patates froides, assez souvent moisies. Lorsque le médecin lui prescrivit pour ses crises de nerfs — qui s'en surprend avec ce genre de vie? — une nourriture forte comprenant de la viande de veau, du poulet, du beurre frais et du miel, il mit de côté avec négligence la diète séduisante et demanda à sa bienfaitrice des Garets un petit paquet de feuilles de thé, simplement pour donner un signe de sa bonne volonté...

«Ce qu'il a, il le donne», soupire déjà le bon curé Balley en secouant les épaules. Vianney ne posséda jamais un manteau. Il raccommoda constamment lui-même sa soutane déchirée et la porta pendant presque toute sa vie, jusqu'à ce qu'elle lui pendît au corps en des formes cocasses. Les nouveaux pantalons qu'il reçut en cadeau de confrères sympathiques, il les échangea au plus vite avec un mendiant qui venait sur la route. Il changeait souvent le linge de corps, car il appréciait beaucoup l'hygiène.

«C'est assez bon pour le curé d'Ars», répliquait-il, entêté, à tous les reproches, et de tout cœur il mit de côté l'ordre de vêtement de l'autorité épiscopale. Le cardinal Fesch de Lyon, par exemple, oncle de Napoléon, attribuait une grande valeur à la mise impeccable de ses prêtres; il leur prescrivait pommade à cheveux et souliers bouclés.

Jean-Marie aura ri, certes, prudemment et bien tranquillement de tels désirs de ses supérieurs. Le mode de vie mondain des princes élégants de l'Église de France, il le sentait exactement, avait peu à faire avec l'alternative que le pauvre Jésus avait apportée dans un monde dominé par le pouvoir, l'argent et l'hypocrisie vantarde. En tout cas, Vianney ne s'arrêta pas à des problèmes ridicules de cette sorte. Il donna matelas et oreillers à un mendiant et transporta son gîte sur le toit, la tête appuyée sur une poutre.

On n'est plus surpris maintenant que la paroisse d'Ars se soit opposée de toutes ses forces au déplacement de son curé si sévère mais aussi si aimé à Salle-en-Beaujolais. Tandis que Vianney était en route, sur sa petite charrette, vers sa nouvelle paroisse, le Vicaire général annula la décision.

«Ars n'est plus Ars!»

C'est ce que constata avec joie Jean-Marie lui-même, après une activité pastorale de neuf ans sur les hauteurs des Dombes. Certes, Ars n'était pas devenue une colonie de saints, mais le climat social et religieux avait visiblement changé.

Les gens n'avaient plus honte de s'agenouiller à la vue de tous au son de la cloche du soir. Le dimanche, la plupart allaient à l'église trois fois: à la célébration de l'eucharistie, à l'enseignement du catéchisme, à la prière commune du soir. Un voyageur exprimait une fois son admiration sur le fait qu'il n'a entendu aucun juron aux champs, au temps de la moisson; il obtint cette réponse circonspecte d'un paysan: «Oh, nous ne sommes pas meilleurs que les autres. Mais nous devrions être profondément confus, si nous voulions commettre ces péchés à côté d'un saint!»

La réputation de ce curé avait franchi depuis longtemps les limites d'Ars. Tous ses collègues du voisinage l'appréciaient comme une aide toujours prête à servir et l'engageaient lors des missions populaires. «Il est très appliqué au travail et ne mange presque rien», atteste de lui, avec la plus grande satisfaction, l'un de ses confrères. Une fois, il était presque gelé, alors qu'il s'égara la nuit dans une tempête et fut trouvé encore inconscient. À Trévoux, l'énorme foule qui affluait renversa presque son confessionnal. Et à Saint-Bernard, les journaliers et les employés des vignes quittèrent tout et offrirent même aux fermiers de payer le temps de travail perdu, si seulement ils pouvaient entendre le curé Vianney!

Depuis 1827 — Vianney n'avait à cette date que 41 ans — de véritables pèlerinages à Ars s'organisent. Les gens viennent par bandes des villages voisins, pour se confesser à lui et l'entendre prêcher. «Le curé d'Ars», ça devient peu à peu une référence, comme «le pape de Rome».

La curiosité et un plaisir de sensations pieuses peuvent bien y avoir joué leur rôle, comme chez les milliers de gens qui visitaient dans les années d'après-guerre à Konnersreuth, en Bavière, la fille controversée d'un tailleur, Thérèse Neumann, pour voir saigner ses stigmates et expérimenter avec elle ses visions de la passion du Christ. Mais beaucoup ont très sincèrement cherché consolation et conseil ou tout simplement la rencontre avec un homme fondamentalement bon.

On a faim de ses prédications, c'est étonnant, de ces sermons affreusement longs, ni originaux, ni intellectuellement exigeants, ennuyeux sur de longs passages et banals, pour lesquels manifestement le prédicateur manque de tout talent oratoire. On a dit qu'il parlait presque toujours trop fort. «Je parle à des oreilles sourdes et à des gens somnolents», s'excusait-il.

L'élaboration de la prédication dominicale doit avoir été pour lui, tout au long de sa vie, la partie la plus difficile de toute sa pastorale. Il a écrit jusqu'à sept heures par jour, d'un trait, pour s'étendre ensuite épuisé sur le plancher froid de la sacristie. Pire encore était la mémorisation de trente, quarante pages de texte, chaque fin de semaine, pendant des années et des décennies. Car la mémoire de Vianney, qui ressemblait à une passoire et déjà l'avait amené, comme séminariste, à désespérer, ne s'améliora naturellement pas lorsqu'il avança en âge.

En chaire, il s'embrouillait souvent, et maintes fois, au milieu d'une gesticulation agitée, il perdait le fil, ne savait plus rien et devait, confus, descendre de la chaire, au début, sûrement dans le murmure malicieux du public.

Mais encore ici, le secret de Vianney ne résidait pas dans d'ingénieuses techniques ni dans l'éclat intellectuel. Les gens, qui de toutes parts affluaient dans la minuscule église d'Ars, n'attendaient pas un orateur béni de Dieu, mais un homme dont ils pouvaient croire chaque parole, qui mettait toute sa personnalité passionnée dans ses prédications: peur et souci, excitation désarmée, confiance obstinée et amour sans borne.

«Nous devons tous aller au ciel! Quelle douleur, si l'un de vous était de l'autre côté!» On écoutait son message aussi simple qu'une prière d'enfant. Il parlait du paradis à ses auditeurs avec une foi aussi radieuse, aussi désarmante qu'autrefois, lorsqu'il l'avait dépeint à ses petites sœurs et à ses camarades de jeu: «Là, nous verrons Dieu. Comme nous serons heureux! Si la paroisse devient bonne, nous monterons tous comme dans une procession, et votre curé marchera à votre tête.»

Au jugement dernier, une âme sainte ira chercher son corps, afin de jouir de Dieu durant toute l'éternité. Avec la perspicacité naturelle d'un paysan français, Vianney décrit le corps qui se libère de la terre «pur comme le linge après le dernier blanchissage». Et au ciel, ces corps brilleront comme des diamants.

Que reste-t-il à faire sur terre, sinon aimer Dieu et travailler pour lui? Vianney: «Tout ce que nous faisons d'autre est du temps perdu.» Les trois quarts des chrétiens — «ça fait frissonner!» — travaillent simplement pour satisfaire leurs besoins corporels, sans penser à leur pauvre âme. Et pourtant, le monde entier ne peut pas plus contenter une âme immortelle «qu'une pincée de farine ne peut rassasier un affamé».

Maintenant, nous comprenons mieux ce qui, dans ses prédications, fascinait les auditeurs. Elles sont aussi éloignées des sermons onctueux, doucereux de ce temps-là que la petite église d'Ars l'est de la cathédrale Notre-Dame. Le contenu est-il peu original, la grammaire laisse-t-elle parfois à désirer, Vianney parle de façon énormément juste, ferme, vivante, en se servant des images de tous les jours.

Il conseille à ses paroissiens de garder le Seigneur dans leur cœur, après la communion, comme dans une bouteille bien bouchée. Ils doivent faire avec l'amour de Dieu ce que font les bergers dans les champs froids, l'hiver: «Ils allument un feu et de temps en temps y apportent du bois sec d'un peu partout, afin qu'il ne s'éteigne pas.» Par bois, il entend l'amour du prochain et la prière qui élève l'âme «comme le feu le ballon d'air chaud».

Il en est de la prière comme d'un poisson qui «d'abord nage à la superficie de l'eau, plonge ensuite plus profondément». Comme, du reste, un poisson ne se rebute jamais de trop d'eau, «ainsi un bon chrétien ne se plaint jamais non plus d'être trop longtemps avec Dieu. Celui qui trouve la religion ennuyeuse n'a pas le Saint Esprit!»

Les bons chrétiens ressemblent à ces oiseaux qui ont de grandes ailes et de petits pieds et ne se posent jamais sur la terre, parce qu'ils ne pourraient plus s'élever et deviendraient prisonniers. Et ils bâtissent leur nid sur les sommets de hauts rochers et sur le faîte des maisons. Ainsi le chrétien doit toujours demeurer sur les hauteurs; dès que nous dirigeons nos pensées vers la terre, nous devenons prisonniers.

L'homme a été créé pour le ciel, le diable a rompu l'échelle qui y monte.

À cela s'ajoute un humour prompt à la riposte, pas toujours conciliant. Une dame bien nourrie lui demande ce qu'elle devrait faire pour aller au ciel. «Faire trois carêmes, ma fille», répond-il sèchement.

À une autre dame pieuse qui veut absolument avoir des

reliques, il fait savoir qu'elle-même devrait se les fabriquer (c'est-à-dire devenir une sainte). Et à la pire commère d'Ars, il pose la question: «En quel mois de l'année, potinez-vous le moins? Je vais vous le dire. En février, parce qu'il n'a que 28 jours.»

Un pasteur peut-il être aussi impitoyable? Même du haut de la chaire, il aborde les gens sans ménagements, personnellement, durement, voire malicieusement. «N'est-il pas vrai, mère, que tu n'as rien à donner aux pauvres?» demande-t-il aigrement. «Mais on doit acheter des mouchoirs avec dentelle à ses filles, elles doivent porter trois collerettes l'une par-dessus l'autre, on doit acheter des pendants d'oreilles, des chaînes et des fraises...!»

L'acidité de ses sermons (Vianney: «Un pasteur qui veut remplir ses devoirs doit toujours porter une épée à la main») couvre de temps en temps l'amour profond qu'il éprouve pour ces gens stupides, bornés, indifférents. Il doit les secouer de façon drastique, sans égards, pour les sauver! À tout moment, en chaire, il pleure, parce que Dieu trouve si peu d'amour parmi les hommes, et tout de suite après il crie à sa communauté: «Cela n'a aucun sens, vous êtes déjà tous inscrits dans l'enfer! Vous avez payé vos billets depuis longtemps.»

Une fois, pendant tout un quart d'heure, il n'aurait pas prononcé autre chose que «Maudits aux yeux de Dieu! Maudits aux yeux de Dieu, qui est tout amour.» Pendant un quart d'heure, toujours la même chose: «Maudits aux yeux de Dieu, qui est l'amour même!»

Une telle explosion de sentiments produit un effet rassurant sur nous qui demeurons perplexes devant le genre grondeur, apparemment insensible de ce saint. Mais elle montre que derrière les menaces courroucées de l'enfer que profèrent Vianney, se cachent la bonne nouvelle de l'amour de Dieu et le désespoir sans recours devant le fait que souvent les hommes ne veulent absolument pas entendre cette nouvelle.

Au cours des ans, il a dû devenir plus doux, plus rempli d'égards. L'effort pour rendre l'amour de Dieu tangible détermine toujours plus fortement sa prédication: «Le bon Dieu veut nous rendre heureux! Ses mains sont pleines de grâces; il cherche à qui les donner, mais hélas, personne ne les veut. Après la mort, ne reste que l'amour: nous serons enivrés de lui, nous nous noierons en lui, perdus dans l'océan de l'amour de Dieu...»

Un Dieu si tendre, si plein de sollicitude peut aussi écrire droit sur des lignes tortueuses, pense-t-il, et il encourage plutôt ses auditeurs à s'approcher naïvement de leur père qu'il ne les intimide avec de sombres pronostics d'avenir: «Lorsqu'il nous voit venir, nous, ses petites créatures, il se penche vers nous, comme le fait un père, pour écouter son enfant qui veut parler avec lui.»

Que diriez-vous d'un homme qui laboure le champ de son voisin mais omet de labourer le sien? Vous faites exactement cela! Vous entrez constamment dans la conscience des autres et laissez de côté la vôtre. Quand viendra la mort, vous souffrirez de vous être tant occupés des autres et si peu de vous-mêmes. Car nous devrons rendre compte de nous et non des autres...

Dès que nous haïssons notre prochain, Dieu se tourne contre nous. L'argument est retourné contre nous. J'ai dit une fois à quelqu'un: «Vous ne voulez donc pas aller au ciel afin de ne pas avoir besoin de voir cet homme?» — «Oui, mais... nous voulons demeurer loin de l'autre, afin de ne pas nous voir.» Ce ne sera pas difficile pour eux, car la porte du ciel demeure fermée à la haine.

La marque des élus est l'amour, la marque des damnés, la haine. Aucun damné n'aime un autre damné...

Et, à chaque fois, le curé d'Ars en vient fatalement à parler de son thème de prédilection: tous doivent devenir des saints! «Si tu n'es pas un saint, tu seras un réprouvé. Il n'y a pas de milieu.»

Mais comment devient-on un saint? Comme Vianney lui-même, par des réductions de sommeil, de durs exercices de pénitence et des heures de prières? Le curé ne pense pas à déclarer *sa* voie comme modèle. Il avertit les mères de ne négliger en aucun cas leurs devoirs domestiques simplement pour pouvoir constamment courir à l'église.

Lorsqu'il s'agit de la pratique religieuse, l'abbé Vianney, si fanatique au premier regard, se montre très sensible et compréhensif: «On comprend mal la vie religieuse», déclare-t-il bien tranquille. «Voyez, mes enfants, par exemple, quelqu'un qui, le matin, doit aller à son travail. Mais il lui passe par la tête qu'il doit faire de violents exercices de pénitence, passer la moitié de la nuit en prières. Maintenant, s'il est raisonnable, il se dira: non, je dois laisser cela, car autrement, demain, je ne pourrai pas remplir mon devoir. Je serai somnolent, la moindre bagatelle me donnera sur les nerfs, je serai insupportable toute la journée...»

La sainteté se développe dans la vie quotidienne. Il le dit aux propriétaires exploiteurs («Nous y trouverons aussi assez de voleurs; combien de maîtres donnent à leurs domestiques moins que ce qu'ils avaient convenu avec eux!») directement en pleine figure, comme à des avocats reconnus: «Combien d'âmes vont chercher par les procès leur propre jugement de condamnation avec leurs parjures, leur haine, leurs mensonges, leurs actes de vengeance!» Et il ne voit nullement une dérogation à sa prédication d'exhorter les maris à la considération envers leur épouse enceinte et de défendre à celle-ci de lever de lourds fardeaux.

«Ce misérable carnaval!»

Et des foules de plus en plus nombreuses de pèlerins trouvent le chemin d'Ars. Ils viennent bientôt en véritables processions, bannières ecclésiastiques et enfants de la communion en avant, quatre cents par jour et plus. Durant l'année 1830, on compte trente mille visiteurs au petit village retiré du monde, près de Lyon, un nombre qui plus tard se quadruple. Entre Ars et Lyon, un service de wagon-poste quotidien est établi.

Les masses se pressent dans les chapelles latérales de la petite église, s'asseoient sur les marches, s'entassent dans le cimetière entre les tombes, attendent des heures et des jours le plus célèbre confesseur de France. Dans la file des pénitents qui avance lentement, prennent place des évêques à côté de dames de la société parisienne, des paysans de la Provence à côté de professeurs et de filles publiques intimidées. On doit embaucher des organisateurs, pour tenir en bride une foule qui s'agite jour et nuit.

Nous sommes en ce monde comme dans un nuage. Mais la foi est le vent qui dissipe le nuage et fait briller sur notre âme un soleil splendide... Voyez comme c'est sombre et froid chez les incroyants. Un long hiver y règne. Chez nous, tout est joyeux, plein de joie et de confiance.

Tirez un poisson de l'eau, il ne vivra plus. Ainsi en est-il de l'homme sans Dieu. «Pourquoi, mon Dieu, m'as-tu placé en ce monde?» — «Pour te racheter.» — «Et pourquoi veux-tu me racheter?» — «Parce que je t'aime.»

Ah, mon âme! Parle avec le bon Dieu, travaille avec lui, va, lutte et souffre avec lui! Tu travailleras, il bénira ton travail. Tu marcheras, il bénira tes pas. Tu souffriras, il bénira tes larmes.

En ce monde, nous devons travailler et lutter. Puis nous aurons le temps de nous reposer toute une éternité.

116

Jean-Marie Vianney conserve une tranquillité stoïque dans toute l'agitation. Il dort encore moins, afin de pouvoir être tôt de retour au confessionnal, avec ses enfants. Il supporte, mais en serrant les dents, que les cinglés chasseurs de souvenirs lui découpent sa soutane et dépècent son chapeau, voir que de pieuses religieuses le déchiquètent à même sa couronne de cheveux clairsemés lorsqu'il est coincé dans la foule.

Il devient furieux, lorsqu'il voit son portrait sur des images pieuses doucereuses, qui sont vendues partout dans les commerces pour deux sous. «Ce misérable carnaval!» s'indigne-t-il. Une seule fois, un sculpteur a réussi à faire une esquisse de lui à la dérobée. Les photographes ne rentrèrent dans leurs frais que lorsqu'il fut étendu sur son lit de mort.

Beaucoup de ses collègues curés, c'est compréhensible, ne voyaient guère d'un bon œil émigrer leurs fidèles en foules vers ce singulier gourou affectant une attitude misérable. Ils lui reprochent son besoin de valorisation et de laisser-aller. Lors d'une conférence de prêtres, un confrère refuse de s'asseoir près de Vianney, parce que le chapeau de ce dernier est trop sale. Et puis, de quel droit cet imbécile, qu'ils ne connurent que trop bien dès le séminaire se permet-il maintenant d'ensorceler leurs paroissiens?

Vianney souffre du comportement peu fraternel de ses collègues. Dans toute son autodiscipline, il n'est pas devenu une pierre, mais il est demeuré un homme vulnérable. Il essaie de prendre la médisance des cercles cléricaux (l'*invidia clericalis*, l'envie entre les prêtres passe encore aujourd'hui comme maladie professionnelle typique!) comme une prévention salutaire de l'arrogance. «À côté des coups d'encensoir, il y a aussi les coups de pied»; par ces paroles, il décrit froidement son image.

Lorsque quelques confrères menacent leurs ouailles du haut de la chaire de leur refuser l'absolution s'ils visitent cet Ars maudit, lorsque l'évêque charge son Vicaire général d'une enquête et que l'abbé Borjon d'Ambérieux-en-Combes, situé dans le voisinage, écrit au confrère d'Ars une lettre insolente («Quand on n'a que si peu de théologie dans la tête, on ne devrait pas s'asseoir dans le confessionnal»), le simple Jean-Marie trouve tout cela parfaitement correct.

«Mon cher et vénéré confrère», répond-il à Borjon, «je vous admire, car vous êtes le seul homme qui me connaissez vraiment.» Lui, Vianney, est de fait intellectuellement limité, écrit-il encore, et il demande si le très vénéré abbé ne peut pas l'aider à obtenir son déplacement dans quelque coin tranquille...

Borjon, là-dessus, se serait précipité à Ars et aurait demandé pardon à genoux, à Vianney.

L'évêque, d'ailleurs, protège le curé de campagne qu'on a raillé et coupe la parole aux envieux: «Messieurs, je vous souhaite un peu de cette folie dont vous vous moquez; elle n'endommagerait pas votre sagesse!»

Du reste, Vianney n'a pas de temps pour de telles querelles. L'affluence à son confessionnal ne cesse pas. Les dernières décennies de sa pauvre vie, il demeure littéralement dans cette boîte de planches, ne la quitte que pour célébrer le culte divin, donner son enseignement de catéchisme, visiter les malades ou prier un peu devant l'autel, agenouillé, immobile comme une statue, sur le plancher de pierre.

Il faut avoir vu le confessionnal de Vianney dans la sacristie de l'église d'Ars pour pouvoir se faire une idée des tourments que ce service tout près de la limite de l'humainement possible signifiait pour le prêtre vieillissant: ce n'est pas une spacieuse chapelle miniature avec une banquette joliment rembourrée, comme c'est la coutume aujourd'hui, mais un produit de débarras entré de force dans la sacristie. Une boîte de trois planches et une pièce de bois transversale, incroyablement étroite et incommode.

Dans cette chambre de torture, le curé d'Ars passe jusqu'à seize heures par jour. On doit le lire deux fois: jusqu'à seize heures!

Vers une heure de la nuit, Vianney apparaît, une lanterne à la main, pour ouvrir l'église. Le soir, à huit heures, huit heures et demie, il se traîne hors de l'église. Le dos raide, les jambes comme mortes, les pieds comme de lourdes masses, l'âme déchirée et plongée dans la misère du monde, il cherche à tâtons l'escalier qui le monte à sa petite chambre. «Lorsque je quitte le confessionnal», a-t-il une fois confié à un ami, «je dois prendre mes jambes avec mes mains, pour m'assurer que je les ai encore.»

À cette époque-là, Vianney sembler ne pas avoir dormi plus de trois heures. Ce n'est pas rare qu'il s'évanouisse dans le confessionnal — avant tout en été, lorsque la chaleur écrasante transforme la boîte en sauna. Il n'y a pas de haltes pour souffler, depuis des années déjà, même plus de promenades à travers les champs en fleurs qu'aimait tant le fils de paysan, Jean-Marie. «On se reposera dans l'autre monde!» dit-il en soupirant, lorsqu'il voit la colonne interminable des pénitents.

Nous ne savons pas en détail ce qui se passait entre ces planches, au cours de ces années. Il y a des récits de cas spectaculaires de conversion, d'ergoteurs éclairés de la grande ville qui voulaient plaisanter avec le pieux petit prêtre et quittèrent son confessionnal en pleurant, touché au plus intime. On attribue à Vianney des pouvoirs presque médiumniques; il aurait, d'un coup d'œil sûr, appelé des malades à sortir de la file d'attente, accusé ouvertement des pécheurs notoires de détails de leur vie.

Mais la plupart de ces confessions auront bien été d'une uniformité accablante, un balbutiement monotone de formules standards apprises par cœur: «J'ai menti.» «J'ai manqué la messe du dimanche.» «Je me suis fâché contre ma femme et mes enfants.» Toujours les mêmes confessions, jour après jour, année après année. Comment cela? les gens allaient à l'abbé Vianney et non à leur curé, chez eux?

Nous pouvons supposer que Vianney réussissait à transformer la monotonie des accusations toujours semblables en un acte de ressourcement religieux, en une rencontre entre Dieu et les forces de l'intériorité personnelle.

Jean-Marie a traité ses «enfants de la confession» de façon vraiment intuitive, avec une sûreté de somnambule, qui vient d'une longue expérience de vie, mais avant tout d'une attention concentrée. Ce curé de village, qui n'avait aucune idée du monde, n'était jamais allé au-delà du plateau des Dombes et de Lyon, avait à peine lu un journal, mais il connaissait les hommes de fond en comble.

Et avant tout, il souffre avec eux. Lorsqu'il éclatait en larmes dans le confessionnal, ce qu'il faisait souvent, Dieu semblait pleurer en lui sur les chances ratées, le manque d'amour et la dureté de ses interlocuteurs. «Mon ami, je pleure, parce que vous ne pleurez pas», dit-il une fois à quelqu'un et il l'ébranla ainsi profondément.

Sa monition était, dit-on, concise, mais pénétrante; elle donnait des conseils aussi affectueux que justes sur le changement de vie. Une fois, alors qu'il entendait une longue liste de péchés et de fautes, il se serrait les mains et disait à voix basse après chaque point d'accusation: «Dommage! Dommage!» Une chose du genre menait plus à la réflexion qu'une longue admonestation.

Et le confesseur Vianney y regardait de très près. Quand il constatait l'absence de volonté ferme pour un changement de vie, il refusait l'absolution. Beaucoup vinrent cinq fois, six fois, pour des conversations détaillées, avant qu'il ne les trouve aptes à recevoir l'absolution. Vianney: «Le bon Dieu n'est pas cruel, mais il est juste!» Il attribuait la plus grande valeur à ce qu'une faute ne fût pas seulement regrettée, mais à ce que le dommage causé fût réparé.

Fuite dans le nuit et le brouillard

Dieu sait que ce curé de campagne devenu une célébrité nationale n'a pas savouré les bains de foule. Il aspire toujours plus fortement à la solitude, à une tranquille cellule monastique, «où je puisse pleurer ma misérable vie et expier mes péchés». Vianney, qui était vénéré comme un saint par les gens simples, avait une peur terrible de la mort et du jugement de Dieu. «Si seulement j'avais le temps, maintenant, après m'être occupé des âmes, de penser à la mienne!» se souhaitait-il.

Toutefois, c'est bien en vain qu'il bombarda son évêque de pétitions de changement. L'autorité demeurait sourde et poussait le curé désespéré à des actions irréfléchies. Il est attesté qu'au moins quatre fois il s'est enfui d'Ars dans la nuit et le brouillard. À Lyon, il demanda sans succès l'entrée dans l'Ordre des Capucins.

En 1840, à sa première fuite, il s'imposa lui-même de revenir. Confus, il s'arrêta à un carrefour et se demanda: «La conversion d'un seul homme ne pèse-t-elle pas plus que toutes les prières que je puis réciter dans la solitude?» Plus tard, des paroissiens et des pèlerins, un mélange rare de procession et de détachement se mirent à sa poursuite et le ramenèrent.

La façon dont il a fait pénitence pour ses tentatives de fuite est typique de Vianney: il allait encore plus souvent à l'église et demeurait encore plus longtemps au confessionnal.

Pour surmonter cet incroyable abus de santé, ces exercices de pénitence presque suicidaires, une vie tenace doit avoir animé son corps complètement épuisé. Il dépérissait, il est vrai, toujours davantage; à soixante-dix ans, il paraissait être centenaire, d'une pâleur cadavérique, il n'avait que la peau et les os. Mais, tandis que les médecins l'avaient déjà déclaré perdu et que tout Ars se rassemblait dans l'église pour les prières des mourants, il survécut à une pneumonie avec crises de fièvre et de suffocation.

Il puisait sa force dans sa très profonde intimité avec le Christ. Âgé de soixante-douze ans, il porta, à la Fête-Dieu, le lourd ostensoir pendant deux heures, titubant et baigné de sueur, et répondait aux questions de sympathie par ces seuls mots: «Oh, comment devrais-je être fatigué? Celui que j'ai porté m'a aussi porté.»

Même vieillard, il tenait à son style de vie pauvre. L'évêque voulut lui démontrer son respect. Il vint à l'improviste à Ars — autrement Vianney aurait sûrement pris de nouveau la fuite! — et, à son accueil à la porte d'église, fit apparaître comme par enchantement la cape de chanoine honoraire sous son manteau, superbe à voir, couverte d'hermine, de soie rouge étincelant et noire.

Le pauvre abbé Vianney, complètement surpris, crut devoir rentrer sous terre. Il résistait tellement aux mascarades bien intentionnées que le maire et le Vicaire général durent lui tenir les bras et que l'évêque ne put qu'avec une douce violence lui passer le vêtement d'honneur par-dessus la tête. Ainsi affublé, il entre à contrecoeur dans l'église, derrière l'évêque.

«Notre bon curé», notait Mademoiselle des Garets, «ressemblait à un condamné que l'on mène à l'échafaud avec une corde autour du cou.»

Pendant que l'évêque gravissait les degrés de l'autel, Vianney s'enfuit à la vitesse de l'éclair dans la sacristie. Il s'embusqua dans le cadre de la porte et ne bougea pas de là durant tout le service divin, pas même une fois pour se montrer à sa communauté paroissiale.

L'évêque à peine parti, Vianney vendit la cape détestée pour cinquante francs et distribua l'argent aux pauvres. Il déposa aussitôt dans un tiroir la croix de la légion d'honneur que l'empereur Napoléon III lui fit présenter.

Jean-Marie: «La mort s'en vient, et je m'imagine ce que Dieu me dit, en me voyant avec ces colifichets: Loin de moi, tu as déjà reçu ta récompense!»

Le dernier été de sa vie, en 1859, apporta une chaleur torride, mortelle. Vianney, âgé de 73 ans, pleurait de douleurs et de crampes internes dans son confessionnal. De la chaire, il prononçait à peine un mot. Un jour, il s'affaissa et murmura: «Ma pauvre fin est venue.» Le 4 août, il s'endormit doucement pour toujours.

Pour la première fois, il n'avait pas fait voir sa peur de la mort.

Le pape Pie X, qui avait été lui-même curé de village à Sarzana, le béatifia. Pie XI, qui annonça sa canonisation, le fit, en 1929, patron de tous les curés de la terre.

L'abbé Vianney, un modèle pour tous? Son manque singulier de considération envers lui-même, le mépris de son propre corps et de tous ses besoins de repos, son ascèse folle comme mesure universellement valable? Il aurait employé vingt-quatre fouets par année pour chasser de son corps les dernières aspirations mondaines. Aujourd'hui encore, on montre aux pèlerins horrifiés les traces de sang sur les murs de sa chambre à coucher. Il se reprochait même ses trois courtes heures de sommeil. Les images de saint au-dessus de son lit, raconte-t-il, le regardent et l'avertissent: «Fainéant, tu dors, et pendant ce temps nous veillons et prions devant Dieu!» Il dut avec tristesse interrompre son essai de ne se nourrir que d'oseille qui poussait dans le jardin. Il voulait vivre comme un cheval, dit-il une fois.

Rien d'étonnant qu'il se soit senti persécuté par des démons pendant des décennies et qu'il se soit finalement adonné à une relation presque familière avec le diable, qu'il nommait ironiquement «Grappin» (ainsi s'appelait la fourche à trois dents des fermiers). Il expliqua laconiquement la rage et la fureur que le «grappin» manifestait — de fait des phénomènes et des bruits inexplicables autour du presbytère d'Ars sont attestés — : «Le grappin est fâché, c'est un bon signe. Nous allons recevoir de l'argent et des pécheurs.»

Vianney souffrit d'une peur maladive de la damnation éternelle («il voyait constamment l'enfer sous ses pieds», rapporte un abbé lié d'amitié avec lui, «et une voix lui disait que là une place lui était réservée d'avance») et il développa une haine de soi que l'on peut qualifier de masochiste. En ces moments-là, sa foi au Christ qui a vaincu tout le mal semble avoir été faible.

Mais cet homme qui s'est donné jusqu'au bout, ce phénomène d'amour et d'engagement, a-t-il besoin de nos boiteux discours de justification?

Même un saint — un homme, pas un ange! — peut avoir des traits névrotiques, montrer des étroitesses... les mots nous demeurent figés dans la gorge. Vouloir interdire le genre de vie de Vianney est finalement aussi insolent que vouloir défendre le soleil de briller.

Ce fut *son* chemin, et jamais il n'a essayé de l'imposer aux autres comme modèle à imiter. C'était *son* chemin à lui, et il n'est pas devenu fou, ni méchant, ni aigri sur ce parcours si difficilement compréhensible et pourtant suivi droit comme un cierge.

C'était le chemin du pauvre idiot, qui ne savait encore rien de la pastorale et de la psychologie modernes et il ne voudrait probablement aujourd'hui encore n'en rien savoir. Mais les hommes affluaient vers lui et retournaient heureux chez eux, non pas fanatisés, mais tranquilles, décidés à changer leur vie. Ils s'étaient approchés un peu plus de Dieu.

Qu'est-ce qu'un pauvre prêtre peut désirer avoir de plus?

La religieuse émancipée

Thérèse d'Avila
Réformatrice d'Ordre (1515-1582)

LE DUR CHEMIN DE L'AMITIÉ AVEC DIEU

«Vous n'êtes pas un juge comme les juges de ce monde... Rien que des hommes!»

Une nuit froide de mai 1569, deux vieilles dames de Tolède, en Espagne, croient que le diable est déchaîné: de puissants coups contre le mur font trembler leur chambre à coucher, l'enduit tombe du mur en gros morceaux, finalement la moitié du mur s'écroule. De la brèche du mur, sortent une couple de formes vêtues de noir, couvertes de poussière, qui souhaitent gaiement le bonjour aux matrones tremblantes de peur et s'excusent de leur entrée à l'improviste: ce sont deux carmélites du nouvel Ordre de la Mère Teresa de Avila.

Thérèse fonde ses monastères de cette façon. Trouver des édifices délabrés et des bienfaiteurs bien intentionnés n'est pas, il est vrai, particulièrement difficile. Mais, parce que les bienfaiteurs se ravisent fréquemment après la conclusion du contrat, parce que les autorités municipales, les Ordres rivaux et des voisins sceptiques font des difficultés — quoi, encore un monastère qui attend aumônes et subventions? — Thérèse a pris la décision de prendre possession de ses maisons nouvellement acquises à la faveur de l'obscurité.

En ces années-là, on peut ainsi voir souvent, dans les villes espagnoles, une bande suspecte de gens déguisés qui, chargés de paillassons, de balais, d'images pieuses et de précieux objets d'église recouverts d'or, errent dans les rues la nuit, et commencent à marteler et à nettoyer dans quelque édifice isolé. À l'aube, une clochette au son de cliquetis acquise à bas prix dans un marché aux puces quelconque appelle les voisins stupéfaits à la messe matinale dans un monastère, dont personne encore ne connaissait l'existence. Maire et police cherchent, à beaucoup d'endroits, à chasser les intrus, mais ils doivent se retirer avec des mines consternées lorsque Mère Thérèse leur montre le sauf-conduit du Général de son Ordre, qui l'autorise à fonder des monastères dans toute la Castille.

Les deux dames de Tolède, effrayées à mort, sont les victimes d'une telle fondation, car l'accès à la chapelle provisoire du nouveau petit monastère se fait par leur maison.

Ainsi est-elle, la Madre Teresa, dont la devise est «ne pas connaître de mesure dans le service de Dieu». Son mot de prédilection est *determinación*, vers les extrêmes, une nature réfractaire, qui se cogne la tête au mur et, de façon étonnante, a presque toujours du succès, d'une impulsivité entraînante, à la parole habile, charmante et opiniâtre, une personne irrésistible, devant laquelle un confesseur met bas les armes avec un soupir démoralisé: «Bon Dieu! J'aimerais mieux m'engager dans une discussion avec tous les théologiens du monde qu'avec cette femme.»

Thérèse d'Avila, entêtée comme un âne, coriace comme un éléphant et rusée comme un renard, victime de l'Inquisition et Docteur de l'Église, se sentant coupable mais audacieuse, la réfutation incarnée de tous ces affreux clichés portant sur la condition obligée des saintes, les moniales et en général les catholiques, à savoir: sage, modeste, pas trop intelligente et avant tout obéissante envers les hommes. «Le monde se trompe», commente Thérèse et elle constate, soulagée, que

Dieu n'est pas un juge comme les hommes, «qui croient devoir trouver suspecte toute capacité chez une femme».

Comme on rapportait à un évêque que cette nonne insatiable planifiait encore de fonder un monastère dans son diocèse, il aurait simplement soupiré: «Alors, il est déjà fondé!» Plus il y a de difficultés, mieux c'est; Thérèse voit en elles un signe qu'il s'agit d'une œuvre agréable à Dieu, que veut entraver l'enfer. Après tout, ces diables, Thérèse ne les craint pas le moins du monde. «Ils doivent avoir peur de moi!… Peut-on dire 'Satan, Satan!', puisque nous pouvons dire 'Dieu, Dieu', de manière à ce qu'ils tremblent? Venez tous! Je suis la servante de Dieu et j'aimerais voir ce que vous pourriez me faire.»

La capacité proverbiale de Thérèse de parvenir à ses fins a, en soi d'ailleurs, peu de la dureté désagréable et froide qui semble caractériser les hommes de réussite. «Elle ravissait les cœurs», énonce quelqu'un au procès de canonisation en parlant de son charme conquérant.

Car les subversifs de Dieu rient et dansent, ils apportent joie et rébellion tout ensemble. Les chrétiens doivent être radicaux, mais non acharnés.

Impérialisme et mystique

L'Espagne du XVIe siècle n'était pas précisément un terrain favorable aux esprits rebelles. Après l'expulsion définitive des occupants maures, les razzias et les conquêtes réussies des *Conquistadores* en Amérique du sud et en Amérique centrale, la nation était contente d'elle-même. L'Espagne avait accédé au rang de puissance mondiale, du Mexique et du Pérou les conquérants apportaient chez eux des trésors incommensurables. Dans le commerce maritime, Espagnols et Portugais enlevaient la première place aux villes commerciales italiennes. On parlait de *siglo de oro,* du siècle d'or d'Espagne.

Avec un mélange d'esprit de commerce, d'élan missionnaire et d'arrogance impérialiste, la nation regardait vers l'ouest, où se trouvaient les colonies nouvellement conquises, vers le nord, où les provinces néerlandaises luttaient pour leur liberté, et vers l'est, où il y avait toujours des combats avec les Turcs. Il y avait peu de place pour l'autocritique et les efforts de renouvellement intérieur.

Heureusement le catholicisme de ce pays — endurci par une résistance de plusieurs siècles contre les Maures — ne se limitait pas à dorer de religieux les succès politiques du pouvoir royal et les annexions de l'empire «païen» d'outre-mer. Au contraire, le *siglo de oro* devint une époque brillante de la mystique espagnole, où la tendance de celle-ci à l'intériorité s'épanouit avec force, loin des formes purement extérieures de la pratique religieuse, dans une expérience personnelle du Christ.

La ville natale de Thérèse, Avila, sur le haut plateau castillan, produit encore aujourd'hui l'effet d'une image miniature de cette société espagnole: fière, vaillante et croyante, la ville des *Santos y cantos,* des saints et des pierres. Un mur épais de trois mètres, pourvu de créneaux et de quatre-vingt-huit lourdes tours rondes, donne à Avila l'aspect d'une énorme forteresse, et même la cathédrale avec ses passages couverts ressemble plus à une citadelle qu'à une église.

Les familles patriciennes belliqueuses d'Avila, les Bracamontes, Barrientos, de Velada, Villalobos et toutes les autres jouissaient, à cause de leur vaillance, d'une renommée presque légendaire en Castille. Un certain Sancho Sanchez Zurraquines, aïeul de notre Thérèse, aurait mis soixante Maures en fuite simplement avec le cri de guerre *Àvila, Caballeros!* *Antes quebrar que doblar* était la devise de la ville d'une fidélité intransigeante au roi — «Plutôt rompre que plier!»

L'histoire de famille de Thérèse l'identifie comme rejeton de la plus ancienne noblesse de Castille, mais aussi comme membre d'une minorité en proie à la discrimination. Les parents de Thérèse, le riche, distingué Don Alonso Sanchez de Cepeda, qui récitait volontiers le rosaire et ne voulait pas avoir d'esclaves, et la belle doña Beatriz de Ahumada, avaient uni par leur mariage deux des noms les plus illustres de l'époque. Durant des siècles, les biographes de Thérèse ne se sont enivrés que de cet éclat, qui recouvrait son enfance protégée au *Palacio de la Moneda,* et ont passé sous silence le fait que son grand-père Juan Sanchez de Toledo était un Juif converti au christianisme. Selon de nouvelles recherches, il dut se justifier d'une «rechute» dans sa vieille foi, en 1485, devant le tribunal de l'Inquisition.

Ce détail apparemment anodin gagne en importance, lorsque l'on sait combien les *Conversos,* les Juifs baptisés, avaient un statut de marginaux dans la société espagnole. Avant tout, ceux qui parmi eux s'étaient enrichis étaient assez souvent poursuivis par l'Inquisition omniprésente. Vers la fin du Moyen Âge, le climat spirituel jusque-là si tolérant entre chrétiens, Juifs et musulmans s'était durci en Espagne; la faim, la peste, les problèmes sociaux favorisaient, ici aussi, un violent antisémitisme; les Juifs furent expulsés ou convertis de force. Les communautés religieuses et les chapitres de cathédrale n'acceptaient que les candidats qui pouvaient prouver leur *limpieza de sangre,* la «pureté du sang», prescription qui rappelle fatalement les articles ariens du troisième Reich.

Thérèse, descendante d'une minorité mise au ban. Ceci fait mieux comprendre pourquoi elle développa un si fort esprit de contradiction et se soucia si peu de l'avis de la majorité dominante.

En aucune vie de saint traditionnelle, ne manquent ces signes hâtifs de piété extraordinaire qui font de petits enfants des natures célestes bénies. Si l'on y voit plus précisément, il s'agit pour la plupart d'un jeu d'imitation du comportement des adultes, du développement de l'imagination et de l'invention prolongée de contes de fées. La petite Thérèse, âgée de neuf ans, réagit conformément à cela, après qu'on lui eût lu assez longtemps de belles et terribles histoires de martyre: avec son frère Rodrigo, elle prit la fuite de la maison et erra en direction de l'est pour parvenir au pays des Maures et y être décapitée. Toutefois, au lieu du martyre désiré avec ardeur, elle reçut une volée de coups, quand un oncle pinça les deux pèlerins sur la route de Salamanque.

«Puisqu'alors je compris l'impossibilité», fait part Thérèse, dans son autobiographie, «de parvenir là où nous aurions pu souffrir la mort pour Dieu, nous avons décidé de devenir des ermites.» Les deux se bâtirent dans le jardin du Palacio des ermitages tout de travers, et la petite Thérèse joua avec ses amies, pendant quelque temps, à la très chère «fondation de monastères».

Mais nous retrouvons deux ans plus tard la même petite Thérèse en train de dévorer un roman d'aventure après l'autre sous la couverture de son lit (son père lui a naturellement défendu cette littérature de bas étage) et même d'écrire elle-même un roman semblable, d'un romantisme sauvage: *Le chevalier d'Avila*.

Et peu de temps après, Doña Teresa de Ahumada y Cepeda est de nouveau devenue le centre vénéré de la société d'Avila, extrêmement attrayante avec sa figure immaculée, ses yeux noirs expressifs et ses boucles splendides, soignée, charmante, intelligente, avec une aversion pour la plate causerie de salon. Elle a fait «tourner la tête» de tout le monde, se rappelle l'un de ses premiers biographes.

Encore comme religieuse, elle doit avoir dégagé un certain charme érotique, car un séducteur lui fit une fois un compliment sur son pied gracieux. Ce n'est nullement irritée que

Thérèse repoussa la remarque à double sens, mais elle répliqua en riant: «Regardez bien, chevalier, car pendant longtemps vous ne pourrez plus le contempler!»

Il est impossible de vérifier ce à quoi, dans son autobiographie, elle fait mystérieusement allusion par «choses injustes» et «dangers menaçants». L'amère auto-accusation ne permet pas de conclure que la jeune fille ne serait pas complètement normale: «Dès que je sentais que je plaisais à un homme et qu'il gagnait ma faveur, j'éprouvais une telle inclination vers lui que j'en venais à toujours penser à lui.» Derrière ses anxiétés de conscience, il y avait bien plutôt la crainte d'endommager sa propre réputation — l'honneur à ses yeux valait plus que tout — et de causer des difficultés à sa famille.

Encore aujourd'hui, ce qui a amené cette jeune fille resplendissante de vie, bien entourée, à se décider soudain pour une existence monastique, n'est pas encore clair. Ce ne peut pas avoir été ses seules conversations avec l'Augustine Maria de Briceño — une éducatrice réellement aimée du monastère Marie de la Grâce, qui représenta pendant un certain temps une espèce d'internat pour Thérèse —, ni les lettres de saint Jérôme à de jeunes Romaines, qu'un oncle déçu du monde lui avait données.

Car Doña Teresa oscilla beaucoup trop entre le monde et le couvent et son entrée en religion s'accomplit sans véritable enthousiasme. Elle a mené un «véritable combat» au dedans d'elle-même, raconte-t-elle plus tard, avec des cauchemars d'enfer et une évaluation très réaliste de sa propre faiblesse: «J'ai peur de moi-même!»

À la fin, la petite Thérèse aurait contracté un «mariage de raison» avec l'époux céleste, écrit sa biographe Marcelle Auclair, et elle touche juste. Dans le «monde», elle ne semble pas s'être crue capable d'une vie d'intimité avec Dieu, et alors, par suite d'une foi craintive, elle a, dans son désir d'exclusivité, cherché la retraite du monastère: Dieu et mon âme, rien de plus. Thérèse elle-même: «Plus que l'amour, une crainte servile me poussait à prendre le voile.» Car les souffrances et les tourments d'une vie monastique ne peuvent pas être pires que le purgatoire, tandis que dans le «monde» l'enfer la menace...

La jeune fille consciente de soi n'avait peut-être tout simplement pas le goût de se subordonner à un mari qui a l'habitude, dans l'Espagne du XVIe siècle, de tenir sa femme comme une esclave heureuse d'enfanter et qui se croit encore par là son fier protecteur. «Voyez de quelle sujétion je vous ai libérées, mes sœurs!» livra-t-elle plus tard une fois à ses sœurs en guise de réflexion. Mais à l'époque, la seule alternative au mariage était le monastère.

La vie «pénible» d'une religieuse «ordinaire»

À l'aube du jour des morts de l'année 1535, à Avila, la jeune fille entêtée s'enfuit de nouveau clandestinement de la maison — le père lui avait catégoriquement refusé son consentement — et frappa à la porte du monastère des Carmélites *Santa María de la Encarnación*, Marie de l'Incarnation. Le père se rallia plus tard, mais Thérèse, âgée de 19 ans, compare la douleur de l'adieu à une mort cruelle: «Tous mes os semblaient se disjoindre.»

Les dix-huit années suivantes, Thérèse appartint, en ce monastère, à la bonne moyenne. Elle ne commit aucune faute digne de mention, mais elle vécut sans vols à haute altitude et sans prétentions: «Il me semblait que le mieux était d'aller avec le grand nombre, car je me comptais parmi les pires...» Elle habitait un appartement de deux étages joliment meublé, faisait des expériences religieuses heureuses, voyait, dans sa prière, un Christ «tout à fait beau», s'imposait périodiquement de dures pénitences, soignait une compagne qui souffrait d'horribles ulcères, raccommodait en secret, la nuit, les capes élimées des plus pauvres sœurs... et cependant se sentait tout à fait malheureuse.

Car la déchirure intérieure était également demeurée après l'entrée au monastère, la joie de l'intimité avec Dieu alternait avec l'aspiration au monde du dehors, qui inlassablement sondait les sentiments de Thérèse. Car, au monastère de l'Incarnation, il s'agissait d'un *beaterio*, une fondation de la noblesse pour l'entretien de ses filles célibataires, une fondation de dames, donc, avec des règles lâches, qui au moment de l'entrée de Thérèse était surpeuplée de 180 religieuses et était justement sur la voie d'une vie religieuse régulière.

Pas question d'une clôture de fer ni d'une quiétude sans dérangement derrière les murs d'un monastère; dans les *locutorios*, les parloirs, les distinguées fainéantes d'Avila se fixaient un rendez-vous, et les religieuses se faisaient approvisionner, par la grille du parloir, de cancans et de douceurs. La première de toutes, naturellement, Doña Teresa de Ahumada, qui par son charme et son esprit devint la «sœur vedette» du monastère, encore toujours entourée et vénérée.

De cette façon, la nouvelle vie, pour laquelle sans doute elle faisait toujours des efforts, était languissante. Thérèse se sentait comme allant à la dérive sur une mer orageuse, «tombant constamment et me relevant», et elle soupirait en se plaignant: «Ô vie ennuyeuse et pénible! Ô vie où l'on ne vit pas, où se trouve le pur abandon, mais nulle part le secours.» Elle se dispersait, trébuchait de «passe-temps en passe-temps», ne pouvait plus faire d'efforts pour participer au service divin et se sentait si irrémédiablement déchirée, «comme si chaque partie de son être allait son propre chemin».

Nous devons être éternellement reconnaissants à la religieuse malheureuse de ces notes sans fard; elles nous montrent que le chemin de la sainteté n'est pas une route envahie par la lumière mystique céleste, mais le sentier quotidien de nos craintes et de nos frustrations. Thérèse n'était pas une mauvaise religieuse, elle s'est honnêtement efforcée, mais elle a fait trop de compromis. Elle a aimé Dieu, mais elle ne s'est pas assez radicalement décidée pour lui, elle a toujours regardé derrière elle et par là manqué son rendez-vous. Elle a, il est vrai, entendu l'appel, mais lambiné avec la réponse — exactement comme nous, chrétiens «ajustés» du XXe siècle, le grand péché est l'indécision nonchalante. Une foi nonchalante qu'on donne timidement, sans rien exagérer, en espérant que Dieu se contentera de cela.

Il ne faut pas non plus être déconcerté par ces notes d'une sainte: «Pendant des années, j'éprouvais le désir que passe l'heure de la prière. Je prêtais plus l'oreille au coup de l'heure qu'aux bonnes pensées... J'aspirais à la vie, car je voyais bien que je ne vivais pas, mais que je luttais avec l'ombre de la mort. Je ne trouvais personne qui me donnât la vie et moi-même je ne pouvais me la donner.»

Cet état peu satisfaisant la mena à un effondrement du système nerveux (Thérèse fut toute sa vie sujette aux maladies psychosomatiques), à un lent dépérissement — favorisé par des exercices extrêmes de pénitence, une mauvaise nourriture et un mauvais traitement — et à la fin à un tétanos musculaire de quatre jours avec tous les signes avant-coureurs de la mort. On creusait déjà la fosse pour la mise en bière, quand encore une fois elle s'éveilla à une vie misérable: trois ans de paralysie totale, jusqu'à ce qu'elle puisse de nouveau avancer en se traînant à quatre pattes.

En ce temps de repos forcé, Dieu lui-même doit l'avoir mise sens dessus dessous. Thérèse rencontra un Dieu qui s'approche de nous dans l'homme vexé Jésus — ainsi se formule son expérience décisive, qu'elle composa elle-même dans une vision bouleversante devant une statue de l'homme des douleurs: «Je m'affaissai à genoux devant lui et le suppliai de me

138

donner une fois pour toutes la force de ne plus jamais l'offenser à l'avenir. »

Thérèse avait environ quarante ans lorsqu'elle commença à sentir la proximité de Dieu de façon si irrésistible. « Jusque-là je parlais de *ma* vie. Maintenant Dieu vit en moi… Dieu soit loué qui m'a délivrée de moi-même! »

Vuestra soy, para vos naci,
qué mandais hacer de mi?
Je suis vôtre; pour vous je suis née,
Que voulez-vous faire de moi?

Je suis vôtre, puisque vous m'avez créée;
Vôtre, puisque vous m'avez rachetée;
Vôtre, puisque vous me supportez;
Vôtre, puisque vous m'avez appelée;
Vôtre, puisque vous m'avez attendue;
Vôtre, puisque je ne me suis pas perdue.
Que voulez-vous faire de moi?

Donnez-moi la mort ou la vie,
Donnez-moi la santé ou la maladie,
Donnez-moi la gloire ou le mépris,
Donnez-moi les combats ou une paix parfaite,
Donnez à ma vie la faiblesse ou la force;
À tout je dis oui;
Que voulez-vous faire de moi?

Donnez-moi les richesses ou la pauvreté;
Donnez-moi des consolations ou des désolations;
Donnez-moi de la joie ou de la tristesse;
Donnez-moi l'enfer ou donnez-moi le ciel,
Ma douce vie, ô soleil sans nuage,
Puisque je me suis remise à vous tout entière,
Que voulez-vous faire de moi?

Que je me taise ou que je parle,

Que je fasse du bien ou que je n'en fasse pas,
Que la Loi ancienne me découvre mes plaies,
Ou que je goûte les douceurs de l'Évangile,
Que je sois dans la peine ou dans la joie,
Pourvu seulement que vous viviez en moi
Que voulez-vous faire de moi?

Je suis vôtre; pour vous je suis née;
Que voulez-vous faire de moi?

La suite fut d'abord un profond processus d'intériorisation — «je voulais fuir les hommes et me retirer complètement du monde» —, une aspiration à «plonger» complètement en Dieu et à faire des expériences mystiques sur lesquelles elle dit avec un humour qui touche juste: «Mon âme me semble un petit âne en train de paître.»

Finalement, la convalescente crut même entendre dans une de ces visions le commandement divin: «Je veux que dorénavant tu ne fréquentes plus les hommes, mais les anges!»

Dieu et l'âme, Dieu et le moi, personne d'autre — un malentendu qui a une longue tradition chez les chrétiens a été violemment combattu plus tard par Thérèse. Mais la phase de retraite était bien nécessaire, afin de faire le plein d'énergie pour les activités futures. Comment quelqu'un peut-il oser vouloir réformer un Ordre, s'il ne s'est pas d'abord lui-même réformé? Pour prendre les paroles de Thérèse: «C'est clair que personne ne peut donner ce qu'il n'a pas; il doit d'abord le posséder lui-même.»

Ce ne fut qu'une étape de transition. Bientôt Thérèse ne pouvait plus conserver sa joie pour elle-même (c'est en général une particularité de la mystique espagnole). Cela la pressait de rendre tout le monde participant de son amour, de raconter à tous comme l'amitié avec Dieu rend heureux. Elle ne voulait plus «que parler de lui». Sans doute, avec cela, elle tomba mal chez ses compagnes. Elles avaient en majorité peu de goût pour la vie d'amour radical de Dieu propagée par Thérèse et ne voulaient pas se faire enlever leur plaisir inoffensif au parloir et dans la salle à manger.

Que voulait, somme toute, cette simulatrice en mal de valorisation, qui leur jouait le jeu d'extase, s'évanouissait à matines et, blême comme une mourante, appelait le Christ? Cette ancienne flamme des viveurs d'Avila souffrait-elle de vieillir et à cause de cela cherchait-elle à se donner de l'importance avec de supposées grâces spirituelles?

Même les théologiens n'étaient pas prêts à mettre leur confiance en elle. Don Francisco de Salcedo, qui passait à Avila pour le flambeau de la science et n'était en aucune façon encroûté ni dur, se fit dépeindre exactement ses états de ravissement, il les classifia d'«œuvre du démon» et envoya la nonne effrayée chez les Jésuites. Ceux-ci lui prescrivirent — encore une fois — de rigoureux exercices de pénitence, mais reconnurent, consternés, que ses visions étaient l'œuvre de Dieu. Heureusement pour celle à qui l'on a souvent manifesté de l'hostilité, car les gardiens de la foi de l'Inquisition couvraient alors toute l'Espagne d'un filet de méfiance et de peur.

Mais tout cela ne semblait pas si important à Thérèse. Volontiers se laissait-elle emporter par un amour qui lui brûlait le cœur: «Je n'étais plus à moi, il me semblait qu'on m'arrachât l'âme du corps...»

Ce qui ne signifie pas qu'elle n'ait pas connu des expériences d'abandon et de désespoir. Quel chrétien vit dans une euphorie spirituelle constante! Au contraire, justement les saints expérimentent de la façon la plus douloureuse le vide intérieur, l'insuffisance humaine et l'échec constant devant l'exigence qu'ils s'imposent. Celui qui sent l'amour fou, sans limites, de Dieu, voudrait y répondre et ne peut s'accommoder de ce que son propre amour soit si faible.

«L'Amour est comme un grand feu», dit Thérèse à ce propos. «Il doit toujours avoir quelque chose pour ne pas s'éteindre. Malheureusement, chez moi, il se passe que je serais souvent heureuse de ne pouvoir y jeter que quelques brins de paille! Parfois je ris de moi, parfois je suis triste.» Et de nouveau nous nous retrouvons avec les problèmes supposés si exclusifs à Thérèse: «La foi est comme diminuée, quand elle n'est pas encore perdue... On est tellement accablé et indolent que la connaissance de Dieu semble être quelque chose de lointain. Si l'on veut prier librement, c'est un martyre... Est-on dans un tel état, tout devient encore pire lorsqu'on rencontre d'autres personnes. L'ennemi malin excite à une telle mauvaise humeur et à une fureur qu'il me semble vouloir engloutir tout le monde, et c'est comme si je ne pouvais maîtriser cette mauvaise humeur.»

Ah Santa Teresa, sœur de nos chrétiens «modernes»! Mais contrairement à nous, tu n'as pas cédé, mais tu as continué à piocher.

On ne peut pas non plus — selon un mot de Thérèse — vouloir voler, avant que Dieu ne donne des ailes. *Il* doit nous donner ce à quoi nous aspirons; quand nous avons reconnu cela une fois, nous n'avons pas besoin de nous tourmenter constamment avec notre propre impuissance. Quand notre intérieur semble «desséché et sans eau», il est temps que Dieu arrache toute l'ivraie et que nous nous voyions aussi petits et faibles que nous le sommes vraiment. «Alors nous devenons humbles et les fleurs croissent de nouveau.»

Yo que soy ruin, «moi qui suis misérable», est une tournure constamment utilisée dans les lettres de Thérèse. «En ceci je ne suis pas femme: j'ai un cœur dur», avoue-t-elle, et elle s'accuse de tendances autodestructrices. Mais elle ne capitule pas. Nous pourrions apprendre de cette femme incroyablement tenace comment on peut se sentir éteint, vidé et désolé et malgré tout demeurer chrétien. Pour rien au monde n'abandonnera-t-elle de nouveau le Christ, même s'il semble encore

si loin. Elle sait qu'il est là et tient à lui. «Nous voulons marcher ensemble, Seigneur; où que tu ailles, je dois aussi aller.»

«Le monde est en flammes!»

Thérèse n'a pas inventé la réforme monastique. Il y avait
alors dans beaucoup de monastères espagnols des tendances
à retourner du christianisme d'aisance et de la morale flexible des «adaptés» à une pauvreté sans compromis et à la simplicité de l'évangile. Presque en même temps que l'entrée en
religion de Thérèse, les nouvelles communautés des Ursulines, des Barnabites et des Frères de la Miséricorde furent fon-
dées; l'Ordre des Capucins, apôtres de la pauvreté radicale,
naissait à l'intérieur de l'Ordre des Franciscains.

Thérèse ne se trouvait plus seule non plus au monastère
de la *Encarnación* avec ses idées subversives. Environ quarante
religieuses, animées du même dessein, s'étaient jointes à elle
au cours des années, et de son cercle, la toute jeune Maria
de Ocampo conçut pour la première fois cette idée, telle une
musique d'avenir: «Pourquoi ne partons-nous pas et ne nous
arrangeons-nous pas nous-mêmes une vie à la façon des ermites?» Mais ce fut Thérèse qui réalisa de fait ce rêve contre toutes
les résistances et donna au nouvel Ordre sa forme bien
distincte.

Sa plus forte motivation, que l'on oublie parfois, était d'apporter une contribution à la Contre-Réforme catholique. Elle
avait probablement de très vagues représentations des idées
de Luther, elle ne savait rien de ses motifs d'action ni de ses
arguments, et seules d'effrayantes nouvelles déformées lui par-
venaient par les Huguenots français, de l'autre côté des Pyré-
nées. La Réforme, pour Thérèse, ce ne pouvait être que les
portes ouvertes et menaçantes de l'enfer qui lâchait sur la chrétienté des foules d'hérétiques et d'ennemis de la foi. «Le
monde est en flammes!» s'écria-t-elle. «On veut pour ainsi

dire faire de nouveau le procès de Jésus, en portant des milliers de faux témoignages contre lui; on veut anéantir son Église.»

Mais clairvoyante et critique comme elle était, elle connaissait parfaitement les rapports qui existaient entre la diffusion couronnée de succès de la nouvelle doctrine et le triste état du christianisme. C'est pourquoi, pour réformer l'Église, on doit commencer par les centres de vie spirituelle qui sont assez souvent ravalés au rang de simples instituts visant l'entretien des vieilles filles ou des vieux garçons. On doit faire des monastères des «châteaux forts» de la réforme, afin que «malgré le grand nombre d'ennemis de Dieu, au moins ses quelques amis soient vraiment bons».

D'où la volte-face vers la vieille règle de l'Ordre, telle qu'elle avait été donnée aux premiers ermites du Mont-Carmel, en Palestine, en 1209; deux siècles plus tard, aux temps de misère qui suivirent immédiatement la grande peste, on a adouci cette règle. Thérèse et ses amies veulent retourner à l'ancienne rigueur: clôture au lieu du pigeonnier, de grossiers vêtements de laine au lieu de la parure et de l'élégance, la paillasse au lieu de l'édredon. Une caractéristique très visible du changement de mentalité doit être — comme aussi dans d'autres Ordres réformés — le pied nu. Moines aux pieds nus, nonnes aux pieds nus, c'est une accusation vivante du luxe d'une chrétienté embourgeoisée.

Comme il était à prévoir, dans le propre monastère de Thérèse, la majorité s'opposa à ces nouvelles allures encombrantes. Être chrétien, oui mais avec mesure et but. Il ne restait rien d'autre à Thérèse que de préparer la fondation d'un nouvel établissement, comme l'avait proposé cette jeune compagne de 17 ans dans son enthousiasme naïf. Mais pourquoi ne pas être naïf pour l'amour de l'évangile?

Thérèse trouva une riche bienfaitrice qui acquit une maison au nom du beau-frère de la fondatrice. Seules quatre compagnes de combat, à l'*Encarnación*, savaient qu'elle y établissait en toute clandestinité une minuscule église, qu'elle cousait, la nuit, de grossiers vêtements religieux et préparait un scandale qui devait s'inscrire dans l'histoire de l'Église.

Le 24 août 1562, l'élégante religieuse Doña Teresa de Ahumada enleva ses souliers, prit le simple nom de *Teresa de Jesús*, revêtit ses quatre compagnes du grossier costume religieux qui rappelle la bure des ermites et attendit dans son nouveau petit monastère *San José*, Saint-Joseph, le long de la route d'Avila, la réaction du monastère de l'Incarnation et de la direction de l'Ordre à la concurrence inattendue. Sa bienfaitrice s'était procuré, il est vrai, un sauf-conduit pontifical qui subordonnait la nouvelle fondation à l'évêque d'Avila. Mais les religieuses elles-mêmes appartenaient selon le droit ecclésiastique, après comme avant, au monastère de l'Incarnation. Elles n'avaient aucun sou à leur disposition et ne savaient pas encore de quoi elles vivraient.

Thérèse ne regardait en aucune façon le succès de son oeuvre avec orgueil et certitude de la victoire. Elle se tourmentait avec des remords de conscience et des craintes pour l'avenir: «Les religieuses ne persévéreront pas dans cette maison à la clôture si rigoureuse, il pourrait leur manquer de la nourriture nécessaire, et ce fut une folie d'aller dans un nouveau monastère alors que j'étais déjà dans un monastère... J'ai trop entrepris et sûrement je vais m'écrouler... Une tristesse et un obscurcissement indescriptibles me saisirent.»

Alors qu'elle était assaillie de ces sombres pensées, de violents coups heurtèrent la porte du petit monastère. Une foule enragée menaçait d'enfoncer la porte. Cette foule avait appris qu'il y avait là un monastère de pauvres, sans les garanties d'approvisionnement d'usage par les parents ou d'autres parentés des soeurs. De pauvres affamées, donc, qui visaient simplement à mendier le dernier sou de chrétiens charitables qui eux-mêmes avaient à peine de quoi se nourrir! Savait-on alors quelles idées immorales cette rare commune de femmes pouvait avoir afin d'assurer son entretien? (Confus, ces gens virent plus tard, étendus à la porte de San José, ces travaux de tissage et de couture proprement fabriqués avec lesquels les sœurs, selon les statuts de Thérèse, gagnaient leur maigre pitance.)

Le maire et les agents de police essayèrent en vain de vider la maison et furent chassés moins par la résistance intrépide des religieuses que par le désir de ne pas s'aliéner l'évêque et le pape. Mais le monastère de l'Incarnation alla reprendre les cinq évadées, et un illustre état-major d'urgence composé de conseillers municipaux, de chanoines, de juristes et de moines débattit pendant des jours sur l'événement inouï qu'était cette révolte religieuse. Les innovations ne causent toujours que de l'agitation et de la révolte dans un État, allégua l'honnête maire, elles nuisent aux bonnes habitudes et induisent à la désobéissance aux lois...

La peur de toute perturbation de l'ordre aurait vaincu le petit monastère qui protestait sous l'égide de Thérèse n'eut été le rayonnement invincible de celle-ci qui, au moment décisif, transformait des adversaires méfiants en amis fidèles. Par exemple, l'évêque Don Alvaro de Mendoza, qui, au début, malgré l'autorisation pontificale, était d'avis qu'il y avait déjà à Avila trop de monastères, devint, après la rencontre avec la fondatrice, un ardent promoteur de son œuvre. Ou ce Dominicain Petrus Ibañez, qui dans le tribunal mentionné ci-dessus prit avec véhémence le parti de Thérèse et se souvint que tous les Ordres provenaient d'un projet de réforme.

Et puis, il y eut encore une voix douce, mais irrésistible, qui dit à Thérèse au comble de son désespoir: «Ne sais-tu pas que je suis fort? Pourquoi as-tu peur?»

Neuf mois après l'action «nuit et brouillard», le Provincial de l'Ordre permit officiellement aux cinq religieuses de déménager à San José.

Ce qui est caractéristique de la vie du Carmel réformé est d'abord un sérieux inouï dans l'effort de s'approcher de Dieu. «Non, mes sœurs», constate Thérèse, «ce n'est pas le temps, maintenant, de traiter avec Dieu de choses futiles.» L'amour coûte quelque chose, l'amitié de Dieu ne tombe pas du ciel, sans qu'on n'y soit pour rien.

La deuxième particularité du projet de Thérèse est la pensée de la suppléance: les prières, les nuits de veille, les exercices de pénitence, le jeûne ne peuvent pas être une fin en eux-mêmes, mais ils doivent être au service de l'Église et du monde, autrement ils sont inutiles. Sous ce signe on redécouvre aujourd'hui la vie contemplative: des hommes silencieux, tout à fait concentrés sur l'essentiel, rendent Dieu présent dans un entourage froid, violent, agressif. Une communauté digne de foi montre par sa vie comment la proximité de Dieu transforme.

Les contemplatifs sont, pour Thérèse, des «porte-étendard», qui au combat ne luttent pas eux-mêmes, mais marchent à l'avant, bannière en main et sont aussi menacés que les autres. On ne comprend sans doute quelles forces une telle suppléance libère que si l'on accepte l'idée que tous les hommes sont enveloppés d'un même amour et que les prières sont un pouvoir. «Naturellement, ça aide de prier et de se sentir un avec la puissance qui aide le brin d'herbe à percer l'asphalte. Naturellement, ça aide d'avoir un désir, un rêve, d'en parler, d'avoir une vision et de la communiquer dans l'action» (Dorothee Sölle).

La troisième caractéristique de la vie religieuse renouvelée, telle que la désire Thérèse, est finalement l'union de la discipline et de l'humanité. «Dieu me garde de saintes à la mine renfrognée!» s'exclame-t-elle, et elle avoue qu'une religieuse mécontente est plus à craindre que toute une horde de mauvais esprits. Les «pauvres va-nu-pieds» vivent d'après une règle stricte, mais toutes les duretés n'ont pour signification que la libération du cœur pour Dieu. Par contre, Thérèse ne pense absolument pas qu'il soit chrétien de se gâcher la vie artificiellement.

Elle raffole des bonbons roses sucrés et l'admet franchement, elle craint les «religieuses mélancoliques» comme la peste et rit à la face d'une dame qui s'indigne de l'appétit de Thérèse: «Louez plutôt l'affabilité de votre Seigneur et retenez ceci: quand c'est perdrix, c'est perdrix, quand c'est pénitence, c'est pénitence.» Sur le chemin de Dieu, on ne doit pas traîner paresseusement «comme un crapaud», mais il ne faut pas non plus s'imposer ce qu'on ne peut pas faire. À une correspondante dépressive, elle ne recommande ni les prières ni les exercices de pénitence, mais les promenades en plein air. Et l'incapacité de prier peut aussi provenir d'un changement brusque de température ou de troubles circulatoires; «on devrait alors comprendre qu'on est malade et remettre à plus tard l'heure de la prière».

Quand elle apprend que des Pères liés d'amitié avec elle se fouettent jusqu'au sang, indignée, elle leur écrit de cesser cela, que le «mauvais esprit» les induit à de telles mortifications pour les achever avant qu'ils n'aient suffisamment travaillé pour Dieu. On doit certes lutter contre les faiblesses, mais de manière à ce que la nature humaine n'y succombe pas: «Il faut traiter doucement notre âme.»

Fondations de monastère «Mains à l'ouvrage»

Toutefois, une femme comme Thérèse ne se contente nullement du projet réussi de San José. Dans les années qui suivent, elle fonde plus de trente monastères dans toute l'Espagne, couvre le pays d'un réseau de centres réformés, organise systématiquement l'Ordre alternatif des «Carmélites Déchaux». On a décrit dans l'introduction comment cela s'est souvent produit de façon aventureuse. Les religieuses prennent assez souvent possession de leur futur monastère en ayant les «mains à l'ouvrage» pour ainsi dire.

Julian de Avila rapporte avec un humour sec une action éclair du genre à laquelle il prit part: «La fondation de Medina del Campo! Quelle affaire! Nous arrivâmes à Medina à minuit; il fallut mettre pied à terre à l'entrée de la ville, car le chariot que nous avions faisait dans la nuit un vacarme capable d'éveiller la population...» Moines et sœurs se glissèrent dans les rues, «comme des gitans cambrioleurs» avec leurs objets d'église. Ils se sauvèrent à grand-peine de six taureaux fonçant au grand galop à travers la ville, en direction des arènes.

«L'aube allait bientôt poindre», continue Julian dans son rapport. «Il eût fallu voir la Mère Prieure, les sœurs, nous tous, les uns balai en main, les autres sur des échelles occupés à suspendre des tentures, ou la cloche. Point de clous, et ce n'était pas l'heure d'aller en acheter. La Madre Teresa récupéra ceux qu'elle trouva dans les murs... L'autel était paré, la chapelle bien ornée, mais nous n'étions éclairés que par une maigre chandelle, et dans l'obscurité nous pouvions nous demander si notre installation était bien à l'intérieur et non au milieu de la rue.» De fait, les va-nu-pieds constatent, à l'aurore, que leur maison ne consiste qu'en quelques murs délabrés et que le toit leur manque...

Thérèse elle-même s'étonne de la façon dont ces «pigeonniers» — ainsi appelle-t-elle ses fondations — survivent à toutes les difficultés. Quand elle occupe une nouvelle maison, toute la propriété du couvent consiste en une couple de paillassons et de couvertures empruntées, «car ainsi il ne nous manquait jamais de lits». Une fois, elle se décide de faire agrandir une église et demande à son administrateur l'état de ses finances. «Nous avons encore une blanca» (un sou), répond-il en soupirant. Thérèse se montre très heureuse et entreprend aussitôt le travail de construction.

Du reste, la *Madre Fundadora,* la mère fondatrice, comme on la nomme avec admiration, ne dirige pas simplement le détachement. Elle dessine des plans de construction, coud des habits religieux, nettoie et martelle, écrit de nombreuses lettres de quémandeur, négocie avec les autorités et les donateurs, apaise les autres Ordres, évalue les coûts, choisit candidates et confesseurs.

Elle est devenue «très capable en affaires», constate-t-elle un peu étonnée et se joue des dangers sérieux et des nombreuses incommodités de ses voyages à travers l'Espagne. Elle passe jours et nuits sur le dos de petits mulets entêtés ou dans une charrette raboteuse mais couverte. Violacée et tremblante dans le froid de l'hiver, déshydratée et luttant pour l'air dans la chaleur torride de l'été espagnol, cette singulière caravane de formes déguisées, voilées, avance à travers villages et plateaux, passe la nuit dans des hangers abandonnés et en ruines ou dans de mauvais enclos au milieu de la canaille des voleurs et des filles légères. «Dieu nous a vraiment donné beaucoup d'occasions de souffrir pour lui», dit Thérèse de ces inconfortables voyages d'affaires, «et ne serait-ce que par les puces, les lutins et les fatigues du voyage.»

Une fois, dans le mélange sans fin des routes en lacets des montagnes de Castille, les conducteurs de mule perdent leur route enterrée sous un éboulis et il s'en faut de peu qu'ils ne tombent dans l'abîme. Une autre fois, à la traversée du fleuve Guadalquivir, un traversier avec deux chars à bœufs est entraîné par le courant et atterrit quelque part sur un banc de sable au milieu d'un coin perdu. Comme la nuit tombe et qu'à la ronde on ne peut voir de sauveteur, Thérèse fait paisiblement sonner les clochettes qu'elle a apportées dans sa charrette, chante la prière du soir et prépare les paillassons pour les nonnes.

Tout cela dans son état de maladie chronique; elle passe à peu près par toutes les souffrances imaginables: maux de tête, attaques de fièvre, frissons, rhumatismes, maux de reins, douleurs de la vésicule biliaire et faiblesses cardiaques, et la plupart du temps, ces souffrances se combinent. «Le Seigneur me donne une santé continuellement mauvaise», dit-elle sarcastiquement, «et quand je peux tout faire malgré cela, je dois parfois en rire.» D'autres auraient passé leur vie au lit. Mais le Seigneur aime «qu'on ne mette pas de bornes à ses œuvres».

Toutefois, la mère Thérèse de Jésus ne vit pas avec ses religieuses en ayant constamment les nerfs en boule ou en étant une pieuse mimosa. Dans ses monastères, en dépit du style spartiate de vie, tout se passe gaiement, car rien n'est pire qu'une «supérieure grincheuse». Si elle en a le goût, elle saisit le tambourin, danse, chante et improvise des vers insipides.

Rien d'étonnant à ce que cet indomptable tempérament soit contagieux. Une fois, après matines, Thérèse voit dix religieuses entrer dans la chapelle en une procession solennelle, cierge en main, derrière un crucifix. Elle prête l'oreille, étonnée, au singulier refrain: «Vous nous donnez un nouvel habit, roi céleste, libérez cette laine de sa mauvaise colonie…!»

Solution de l'énigme: les sœurs ont décidé de porter le grossier habit religieux sur la peau nue, dans le but de faire pénitence, mais craignent que des puces aient pu faire leur nid dans la grossière étoffe. Aussitôt Thérèse saisit l'occasion et compose en guise de réponse un chant à caractère «pédagogique»: «Ces bestioles distraient de leurs prières les âmes mal affermies dans leur recueillement. Vous qui venez pour mourir, ne devenez pas chancelantes, n'ayez pas peur de la sale colonie…»

Et lorsque meurt sa compagne Petronila, elle interdit les chants funèbres usuels et compose à leur place des chants de joie qu'interprètent les sœurs en dansant autour du cercueil.

N'est-ce pas inhumain de défendre le deuil? «Je ne comprends pas, argumente Thérèse, comment nous pouvons pleurer sur celles qui doivent entrer en possession du repos éternel.»

Son style de direction doit avoir été compréhensif et sensible, associé au tact et au respect de l'individualité de chacune des sœurs. «Comme il y a beaucoup de demeures dans le ciel», dit la mère en modifiant une parole de la bible, «ainsi y a-t-il beaucoup de chemins qui y mènent.» Avec une capacité de lâcher prise, qui n'est pas si fréquente chez les pouvoirs ecclésiastiques de direction, elle prévient de juger ses semblables d'après sa propre mesure: «Ne forçons pas ceux que Dieu fait voler comme des aigles à avancer à petits pas comme des poulets attachés... Pourquoi ne les abandonnons-nous pas à Lui?»

«La sainte mère voulait que les prieures traitent les sœurs comme des filles de Dieu», fera inscrire au procès-verbal de canonisation une certaine Francisca de Jésus. Certes, la madre montre aussi des signes de rigueur autoritaire; un supérieur doit être craint, dit-elle une fois. Elle refuse d'accepter une candidate défigurée avec la brusque constatation qu'elle ne veut pas avoir de religieuses borgnes. Mais dans les témoignages transmis, prédomine l'impression que ses rapports avec les religieuses reflètent l'attitude d'une véritable sœur. Elle demande leur opinion et agit assez souvent en conséquence.

Les allures d'une abbesse princière sont étrangères à cette pauvre va-nu-pieds. Elle fait la cuisine, nettoie, file et s'occupe de travaux de couture, tout en négociant avec des visiteurs par la grille du parloir. Elle prévient ses religieuses de rêver uniquement d'expériences spirituelles et de mépriser le travail dans la cuisine: «Le Seigneur vous attend au milieu des marmites!»

Des sœurs d'un monastère réformé de Franciscaines de

Madrid veulent connaître la célèbre carmélite et, rencontre faite, s'expriment tout enthousiastes: «Dieu soit loué qui nous fait voir une sainte que nous pouvons toutes imiter; elle parle, dort et mange comme nous, et dans ses rapports elle est sans cérémonie et sans esprit mielleux!» Manifestement, ce n'est pas d'aujourd'hui que les chrétiens veulent avoir des saints «normaux».

Vous tous qui combattez
À l'ombre de ce drapeau,
Ne dormez plus, ne dormez plus,
Puisqu'il n'y a point de paix sur la terre.

Semblable à un vaillant capitaine,
Notre Dieu voulut affronter la mort.
Commençons à le suivre,
Car c'est nous qui l'avons fait mourir.
Oh! quel heureux sort
Cette guerre lui procura!
Ne dormez plus, ne dormez plus,
Car un Dieu manque à la terre.

Qu'il n'y ait point de lâches parmi nous;
ne craignons pas pour notre vie.
Personne n'en prend mieux les intérêts
Que celui qui la méprise,
Puisque Jésus est notre guide,
Et la récompense de nos combats.
Ne dormez plus, ne dormez plus,
Parce qu'il n'y a pas de paix sur la terre.

Offrons-nous sincèrement
À mourir toutes pour le Christ;
Et aux noces célestes
Nous serons enivrées de bonheur.
Suivons cette bannière
Puisque le Christ nous précède.

Il n'y a pas à craindre; ne dormez point;
Puisqu'il n'y a pas de paix sur la terre.

Composé pour la profession des vœux religieux

On acquiert également par la lecture de ses écrits l'impression qu'elle était une femme très naturelle, sincère, loin du cliché de l'âme expiatrice. Ses manuscrits conservés, ses rapports sur les fondations de monastère, ses conseils aux prieurs et aux visiteurs, une volumineuse autobiographie, mais avant tout des manuels de vie spirituelle avec des titres comme *Camino de perfección* («Chemin de la perfection») ou *El Castillo interior* («Le château intérieur») remplissent neuf tomes épais. À cela s'ajoutent 450 lettres.

Ces manuscrits sont presque tous écrits à l'instigation de ses confesseurs, à la hâte et dans des pauses de travail, sans véritable enthousiasme, «parce qu'écrire m'empêche de filer» — mais ils devinrent best-sellers de la littérature religieuse et atteignirent jusqu'à aujourd'hui 1 400 éditions dans toutes les langues possibles. Leur effet est réel et entraînant parce qu'ils présentent, au lieu de théories sans fin sur la vie d'âmes pieuses, une quantité d'expériences personnelles. Ils visent à l'authenticité («N'affirme pas ce que tu ne sais pas»), révèlent des sentiments non masqués («Jamais encore je n'aurais aimé déchirer une lettre de votre main comme celle-là») et aérés par une bonne portion d'esprit et de sarcasme. Un exemple de son style épistolaire exquis: «Cette lettre est pleine de conseils qui ressemblent à ceux donnés par une personne âgée et peu humble. Fasse le Ciel que j'aie atteint ce qui est correct en quelque chose! Sinon, nous demeurons quand même de bons amis.»

Les poésies de Thérèse ne sont pas des idylles doucereuses d'une bigote exsangue, mais des chants puissants, pleins de tempérament, combatifs, au rythme lourd des chants guerriers du Moyen Âge — comme son grave poème: «Ne dormez plus, ne dormez plus, parce qu'il n'y a pas de paix sur la terre» ou son exhortation pleine de verve *Caminemos para el cielo, monjas del Carmelo*: «Marchons vers le ciel, moniales du Carmel!»

Fondatrice d'Ordre aux arrêts

Beaucoup appellent maintenant la plus populaire religieuse d'Espagne *Santa Madre*, la sainte mère. Mais avec le nombre de ses fondations croît aussi la foule des envieux, qui observent avec méfiance ses méthodes non conventionnelles et craignent pour l'Église, car on accorde une liberté de mouvement du genre à une femme sans formation théologique, que l'autorité ne peut contrôler. Le savant Général des Dominicains, Tomas Cayetano de Vio n'a-t-il pas déclaré que les réformes de monastère sont l'affaire des supérieurs, «non pas des femmes, dont la tête est l'homme»? Le non moins savant Melchior Cano ne s'est-il pas exprimé en faveur d'une interdiction aux femmes, pour plus de sécurité, de la lecture des Saintes Écritures?

Lorsque cette personne qu'ils croient avide de machinations va maintenant de son élan réformateur droit aux monastères d'hommes (elle a besoin de confesseurs et de professeurs ecclésiastiques pour ses maisons de sœurs), la mesure est pleine. Le Général de son ordre est tout à fait de mauvaise humeur, parce que le nonce pontifical — aussi bien que le roi d'Espagne — n'a visiblement de sympathie que pour les va-nu-pieds et à côté de la direction de l'Ordre il nomme visiteur un ami de Thérèse. Le Père Général réplique: il refuse de reconnaître le visiteur pontifical, ordonne la dissolution de tous les monastères érigés sans son autorisation et interdit à la madre Teresa toute nouvelle fondation; elle doit être placée aux arrêts en Castille.

Et de plus en plus souvent, l'audacieuse religieuse est

dénoncée auprès des autorités de l'Inquisition. C'était alors très facile, en Espagne, d'être soupçonné d'hérésie; l'Église officielle se sentait menacée aussi bien par les nombreux groupes qui cherchaient une expérience religieuse sentimentale, personnelle, que par l'humanisme à ses débuts, avec son respect de la détermination personnelle de l'homme. La subjectivité et les sentiments douteux ne remplacent-ils pas, ici, le message du Christ, sûr, protégé par le magistère de l'Église?

Il apparut suspect que Thérèse propageât la prière intérieure dans le silence, sans formules textuelles approuvées par les autorités. Le tribunal de l'Inquisition de Tolède avait procédé drastiquement contre le mouvement des *Alumbrados*, des «Illuminés» — pour la raison qu'ils se rencontraient «dans des coins obscurs» pour lire la bible en groupe. En 1559, le Grand Inquisiteur Fernando de Valdès a défendu toute littérature spirituelle en langue maternelle.

Et puis, ces relations douteuses de la Madre, une femme d'une soixantaine d'années avec des moines jeunes, enthousiastes... Avec Jean de la Croix, par exemple, poète et mystique comme elle, plutôt étranger au monde et timide. Avec lui, elle réforme l'Ordre masculin des Carmes, l'encourageant sans cesse comme une amie au cœur maternel.

Elle semble s'être vraiment éprise du Père Jeronimo Gracian — platoniquement, s'entend. Parce que ses biographes, même ceux de notre siècle, trouvaient cette relation douteuse, tout comme alors les gardiens de la foi, ils l'ont pour la plupart tenue pudiquement sous silence. Ils ont effacé Gracian de la vie de Thérèse, ce qui sans doute ne va que si l'on censure ses lettres selon cette optique. Une attitude impitoyable, qui ne peut voir que de la faiblesse dans l'enthousiasme pour un autre homme et tient Dieu manifestement pour un amant très jaloux.

Est-il si mauvais qu'il y ait eu de la chaleur humaine entre les deux compagnons de lutte pour la réforme religieuse

— Gracian devint le premier Provincial des Carmes Déchaux — que la Santa Madre, qui dut toujours conduire, décider, pousser, canaliser force et optimisme, ait voulu une fois s'abandonner et ait aspiré à la sécurité? Les petites exagérations de ses lettres où s'exprime le bonheur sont-elles vraiment si choquantes, où Gracian la compare à un «ange», où elle nomme avec reconnaissance le Christ son *casamentero* (organisateur de son mariage) et les jours passés avec Gracian «les plus beaux de ma vie»?

Quel christianisme dur qui en veut à une religieuse de sa tendresse innocente envers un prêtre charmant! Gracian doit de fait avoir été un charismatique très cultivé, joyeux et intelligent, gai blagueur et en même temps sévère réformateur. Du reste, l'œil ouvert, Thérèse n'est en aucune façon tombée dans un scandale; elle passa à l'emploi des pseudonymes et l'avertit prudemment: «J'aimerais éviter toute occasion de faire parler de vous. Moi-même, je peux certainement, pour différentes raisons, me permettre de montrer beaucoup dans mes relations avec vous, mais ce n'est pas toutes les religieuses qui le peuvent. Et tous leurs supérieurs ne seraient pas non plus comme vous, mon Père, avec votre sincérité.»

«Moi, je puis m'accorder» — même cet avertissement à la prudence rappelle la conscience de soi émancipée que les représentants de l'Église des hommes ne pouvaient supporter chez Thérèse, encore moins que sa religiosité sentimentale et ses démarches solitaires réformatrices. On doit connaître la tradition misogyne tout à fait spéciale de l'Espagne du XVIe siècle pour pouvoir apprécier correctement la courageuse protestation de Thérèse.

«Les jambes croisées et à la maison», c'est ainsi qu'un proverbe courant du temps caractérise l'honnête femme. Les célibataires sont sous le contrôle du père ou des frères; avec le mariage, les droits de propriété et d'autorité passent au maître époux, à qui l'on s'adresse dans les lettres de ce siècle-là comme au «Maître et bien de ma vie» (signature: «Ta femme et esclave, qui t'aime beaucoup»). Son empire est formé de la cuisine et de la chambre d'enfants. L'archevêque Hernando de Talavera, confesseur de la reine Isabelle, conseille aux femmes de se confiner à la maison et de renoncer à la formation spirituelle superflue.

Et l'auteur spirituel très lu, Francisco de Osuna, recommande ce qui suit à l'homme d'honneur soucieux de sa maison: «Dès que tu vois que ta femme va en pèlerinage ici et là, se consacre à de petits exercices de piété et s'imagine être sainte, ferme la porte de ta maison. Et si ça ne devait pas suffire, casse-lui une jambe, si elle est encore jeune, car, boiteuse, elle peut quand même aller de sa maison au paradis, sans se livrer à des exercices suspects de piété. Il suffit à une femme d'entendre une prédication et, si elle en veut davantage, de se faire lire un livre, pendant qu'elle file, et de se soumettre à l'autorité de son mari.»

Dans la tendance de la Renaissance, il y a sans doute un respect accru de la valeur personnelle de l'homme et aussi, par voix de conséquence, une plus haute appréciation de la femme; à Alcala, il y a la première école d'Europe pour jeunes filles et une femme professeur de rhétorique, à Salamanque, une femme enseigne les langues classiques. Mais cela demeure des exceptions isolées.

Thérèse, comment pourrait-il en être autrement, n'est pas demeurée insensible aux préjugés des hommes et avant tout des clercs et se plaint constamment, mi-ironique, mi-sérieuse, des faiblesses féminines. Mais, d'une façon tout à fait révolutionnaire pour cette Espagne-là et le monde monastique moyenâgeux, elle rompt avec le rôle déterminé aux femmes de l'époque qui se traduisait par l'exclusion de toute activité transformatrice et la négation de l'exercice du pouvoir.

Elle souffrait d'être une «faible femmelette», au développement de laquelle font obstacle les «conditions naturelles»:

«Ah, pauvre petit papillon, combien de chaînes te tiennent lié et ne te laissent pas voler comme tu l'aimerais!» Mais, contrairement à presque tous ses contemporains et contemporaines, elle ne s'en accommode pas. Elle reproche aux hommes leur injustice et leur manque d'égards envers la femme, aux femmes leur scrupule et leur indécision.

C'est «beaucoup plus souvent aux femmes qu'aux hommes que le Seigneur communique sa grâce», parce que les femmes vont plus loin dans le «chemin intérieur» que les hommes, oppose Thérèse, consciente d'elle-même. Et elle dit: «Seigneur de mon âme! Quand vous erriez encore dans ce monde, vous avez toujours montré aux femmes une attention particulière. Mais Vous ne trouviez pas en elles moins d'amour et de foi que chez les hommes.»

Il était passablement audacieux d'écrire des phrases aussi bouleversantes à l'apogée de la persécution des hérétiques: «Le monde se trompe, quand il exige de nous que nous ne puissions pas travailler publiquement pour Vous, ni n'exprimions des vérités au nom desquelles nous pleurons en secret et quand il pense que Vous, Seigneur, vous n'entendriez pas nos justes prières. Je ne le crois pas, Seigneur, car je connais Votre bonté et Votre justice. Vous n'êtes pas un juge comme les juges de ce monde, les fils d'Adam, bref: rien comme les hommes qui pensent devoir soupçonner toute bonté chez une femme... Mais je reproche à notre temps de repousser les esprits puissants et doués pour tout bien, seulement parce qu'il s'agit de femmes.»

On cherche en vain cette confession dans la deuxième rédaction de son «Chemin de la perfection»; les autorités de la censure l'ont rayée. Mais Thérèse tient inflexiblement à sa conviction même contre les Inquisiteurs et déclare: «Il y va de quelque chose de grand pour la sûreté de la conscience et la liberté de l'esprit.» Les avertissements d'amis bien intentionnés qui veulent la protéger des autorités toutes-puissantes de la foi, elle les trouve «amusants, et je dois rire, car en ce qui a rapport à cela, je n'ai jamais eu peur». Mais elle est prête à «mourir mille fois» pour la vérité de l'Écriture et la plus insignifiante cérémonie de l'Église. Elle encourage ses compagnes à tenir à la prière contemplative — mise au ban par l'Inquisition! — et déclare en toute franchise qu'elle en discuterait volontiers avec les responsables.

Un tel débat se ferait naturellement sous la dignité des Inquisiteurs. Au lieu de cela, ils ont censuré l'aimable invitation.

Mesures mesquines qui ne pouvaient départir Thérèse de sa conscience de soi, qui se base sur l'amitié de Dieu et non sur la reconnaissance par les autorités ecclésiastiques. La Madre sait ce que vaut la tête sage, que Dieu lui a donnée: «Ce n'est pas une petite croix de voir subordonner sa raison à quelqu'un qui n'en a pas», avoue-t-elle. «Je n'ai jamais pu faire cela, et je ne crois pas non plus que ce serait correct.»

Et elle n'a pas peur de remettre en question les suppositions soi-disant agréables à Dieu de la politique de pouvoir de l'Église et même d'opposer à un certain Paul l'ordre de la création, dans lequel on ne peut rien trouver d'une évaluation moindre d'un sexe. Bien sûr, Paul est d'avis que la femme doive se taire dans l'assemblée; complètement découragée, Thérèse a également, lors d'une vision, objecté à Dieu l'opinion de Paul.

«Mais alors le Seigneur me dit: 'Dis-leur qu'ils ne doivent pas en appeler seulement à un passage de l'Écriture, mais qu'ils doivent aussi tenir compte des autres passages et qu'ils ne doivent pas penser pouvoir me lier les mains!'»

Nada te turbe,
Nada te espante...
Que rien ne te trouble,
Que rien ne t'épouvante,

Tout passe,
Dieu ne change pas.
La patience obtient tout.
Celui qui possède Dieu
Ne manque de rien.
Dieu seul suffit.

«Une vagabonde désobéissante»

Tandis qu'on en vient à des divergences d'opinion sur le danger de cet écrivain prolifique et que ses livres disparaissent provisoirement dans les archives de l'Inquisition, la lutte s'escalade entre les deux factions de l'Ordre des Carmes. L'Espagne a reçu un nouveau nonce qui persécute sans merci les va-nu-pieds et appelle la madre Teresa une «femme de chambre» agitée, une «vagabonde désobéissante et endurcie, sous l'apparence de la piété elle imagine de fausses doctrines». Il tire à lui la direction de tous les monastères réformés, excommunie les résistants en séries, subordonne les va-nu-pieds à la direction de l'Ordre «chaussé», les fait arrêter et jeter en prison.

«Je suis vieille et fatiguée», avoue Thérèse, âgée de soixante-trois ans, «mais ces attributs ne s'appliquent pas à mes désirs!» Elle lutte pour son œuvre, négocie, écrit des lettres, assaille le ciel, essaie en vain d'empêcher quelques va-nu-pieds de se déclarer, de leur propre autorité, pour une province religieuse indépendante — de l'eau au moulin des adversaires de la Réforme. À la fin, le plus étroit collaborateur de Thérèse, Frère Jean de la Croix, est incarcéré pendant des mois au monastère des «Chaussés» de Tolède et battu jusqu'au sang chaque jour. Il peut finalement nouer une corde de la couverture de son lit et des haillons de sa chemise et se glisser de la fenêtre de la prison pour s'enfuir vers Thérèse, «émacié et défiguré comme un mort». Pour la première fois de sa vie, elle cherche noise à Dieu: «Je dois toujours penser à ce qu'ils ont fait avec le Père, et je ne comprends pas comment Dieu a pu permettre une telle chose!»

Sur les entrefaites, quelques nobles influents se sont sans doute battus du côté de la Réforme. Le nonce, un homme strict, autocritique, commence, embarrassé, à reviser son opinion quand ces cercles lui dépeignent soudainement le litige dans une tout autre lumière. Et Thérèse de Jésus, de toute urgence, écrit une demande pressante de secours au roi d'Espagne, Philippe II, dans laquelle elle se plaint des chicanes d'un prieur des Chaussés de Tolède.

Il rend, écrit-elle, la vie amère aux religieuses déchaussées et tient leurs confesseurs en prison. «On dit que cet homme est Vicaire général; et il doit vraiment en avoir les aptitudes, car il sait, comme pas un, faire des martyrs. Toute la ville est en colère... Il me fait beaucoup de peine de savoir nos deux Frères entre leurs mains. Il leur vaudrait mieux d'être tombés parmi les Maures, qui auraient peut-être témoigné de la compassion... Si Votre Majesté n'intervient pas, je ne sais jusqu'où iront les choses. Aucun autre ne peut nous aider sur terre!»

De fait, le roi Philippe — du reste un monarque très conservateur qui reste sceptique face à la réforme de l'Église — chapitre le nonce: «Ces attaques contre des gens qui ont constamment montré des mœurs austères et d'autres qualités éminentes me paraissent vraiment suspectes. J'entends dire que vous ne garantissez aucune assistance aux déchaux. Montrez-vous dorénavant bienveillant envers la vertu!»

Seigneur la pensée de votre grandeur et de votre majesté me place dans l'émerveillement. Mais ce qui m'étonne davantage, c'est que vous vous penchez par amour vers un être tel que moi. Oui, on peut avec vous s'entretenir de tout, on peut parler avec vous à volonté...

162

Mon amour pour le Seigneur et ma confiance en lui ont commencé à croître avec force, lorsqu'il s'est fait connaître à moi comme quelqu'un à qui l'on peut parler en tout temps. J'ai vu que, tout Dieu qu'il soit, il est aussi vraiment homme et ne s'indigne pas des faiblesses des hommes... Quoiqu'il demeure le Seigneur, je puis avoir des rapports avec lui comme avec un ami.

Je remarque qu'il n'est pas comme les maîtres de ce monde qui fondent leur prestige sur une apparence empruntée. On ne peut leur parler qu'à des heures déterminées, ils ne reçoivent que des gens éminents. Un homme pauvre et ordinaire a-t-il une réclamation, que ne doit-il pas faire et quels obstacles ne doit-il pas surmonter pour pouvoir parler à un tel maître!

Ô Seigneur de tous les rois! Votre royaume n'est pas si pitoyablement érigé. Avec vous, nous n'avons pas besoin d'abord d'un intermédiaire.

Après cinquante ans de lutte acharnée, deux ans avant la mort de Thérèse, le pape Grégoire XIII approuva, en 1580, la règle réformée de l'Ordre et éleva les Carmélites Déchaussées au rang d'une province indépendante. «Maintenant, nous sommes tous en paix, Chaussés et Déchaux», se réjouit la madre, «et cela ne nous distrait plus dans le service de Dieu.»

Dieu, c'est le mot par excellence de sa vie, l'*amitié* avec lui, son aspiration la plus profonde. Certes, une telle amitié présuppose le respect. La grandeur de Dieu ne supporte pas la grossière familiarité. «Majesté!» l'aborde-t-elle, comme le roi de Madrid, et elle avise ses sœurs: «Lorsque vous voulez parler à Dieu, vous devez le faire comme il convient à l'égard d'un si grand maître; et il est bon que vous considériez qui est celui avec qui vous parlez et qui vous êtes afin que vous parliez d'une façon au moins convenable.» Dieu est bien pour elle un Espagnol, un *Grande* espagnol, une distance majestueuse — mais aussi tout feu.

Oui, son Dieu est un ardent amoureux, beaucoup plus passionné qu'elle encore; Thérèse ne connaît pas la peur des formulations, comme nous dans nos religions cérébrales. «Amant choisi» l'appelle-t-elle, «bon ami», et la vraie prière n'est pour elle rien d'autre qu'«une conversation avec un ami, avec lequel nous nous réunissons souvent et seul à seul, pour parler avec lui, parce que nous sommes sûrs qu'il nous aime».

À ce Dieu, «on peut parler en tout temps», on peut s'entretenir avec lui «comme avec un ami». On ne doit pas craindre que ce soleil se couche... «Dieu ne nous laisse pas dans les ténèbres. C'est seulement lorsque nous l'abandonnons que nous périssons.»

Cette relation personnelle d'amitié avec Dieu est peut-être le plus important message de Thérèse pour nous, aujourd'hui. Fous et malades comme nous sommes, étrangers à Dieu et à nos semblables, elle nous encourage à parler de nouveau avec lui et entre nous, à vaincre nos barrières. Dieu n'a pas pris congé. Dieu n'est pas un pur principe, une construction de l'esprit qui remplit les dernières places vides et notre image objective du monde, il n'est pas un vague numéro qui désigne la relation au prochain.

Dieu peut être notre ami, notre frère et notre maître, si nous sautons les murs. Sautez donc, dit Thérèse, et vous serez enfin capables de vivre en accord avec vous-mêmes et en amitié avec les autres. Car l'amitié avec le ciel change la terre.

Chez Thérèse, l'amour de l'homme est réaliste. Elle se défend contre les tentatives de faire violence à la nature humaine au nom de la religion. «Nous ne sommes pas des anges», dit-elle, «nous avons un corps. Ce serait insensé de vouloir nous-mêmes nous faire des anges sur terre.» Non, «que Dieu nous protège de gens à l'esprit qui vole haut, qui veulent faire de tout une démonstration parfaite»!

La foi de Thérèse est une foi modeste, de tous les jours.

Parfois elle aime Dieu pour ainsi dire avec les dents serrées. On n'a pas besoin d'ailes, opine-t-elle, pour chercher Dieu. Le «trésor caché» est en réalité en nous-mêmes. «Âme, cherche-toi en moi et cherche-moi en toi» — ce que Dieu dit dans l'une de ses plus profondes poésies, n'est absolument pas, considéré de plus près, si mystique, mais simplement le renoncement à des vols infructueux de haute voltige. L'homme n'a qu'à se mettre en route vers son propre intérieur, afin d'y trouver ce qui ne peut pas venir de lui-même. «Dans son plus intime, l'homme découvre, comme dans un abîme profond, la présence de Dieu.»

«Habituez-vous à toujours avoir Jésus avec vous», dit-elle à ses sœurs. Cela suffit. Il n'est pas nécessaire de méditer beaucoup sur Jésus ou de faire de sagaces considérations théologiques. Lever brièvement les yeux de temps en temps des choses de la vie quotidienne et le contempler — cela suffit à changer le monde.

C'est un chemin très moderne de l'amitié avec Dieu. Un chemin qui tient compte de notre division et de notre étourderie. Il n'est pas important que nous réussissions chaque fois à «couper». Il est important seulement que nous nous attardions avec Dieu pendant quelque temps, serait-ce «remplis de mille soucis inquiétants et de pensées mondaines» (Thérèse). Elle met en garde contre la psalmodie de prières («une mauvaise musique»), qui n'est pas rare d'ailleurs, à cette époque-là: «Il suffit à Dieu que nous ne disions le Notre Père qu'une fois l'heure. Ce qui est important, c'est de penser qu'il est près de nous.» Il n'est absolument pas nécessaire de parler à haute voix avec lui. «Dieu qui demeure en nous nous comprendra.»

Et s'il ne le fait pas? Thérèse connaît l'expérience du vide comme nous. Elle ne l'emploie pas, après tout, comme excuse pour ne plus croire à la proximité de Dieu: «Nous devons faire notre travail, on nous traite injustement, nous nous débattons avec les souffrances et les mauvaises humeurs — autant de circonstances où nous ne pouvons pas nous sentir ravies et élevées. *Le Christ est alors pour nous un ami particulièrement bon.* Car nous le voyons comme homme, nous le voyons dans les faiblesses et les souffrances, nous l'avons comme compagnon de route.»

«Dieu nous garde de sottes prières!»

Si nous pouvons ajouter foi aux témoignages, la madre appartient aux plus grands mystiques et visionnaires de l'histoire de l'Église. Elle a vu une lumière, résume-t-elle, contre laquelle la clarté du soleil apparaît bien pâle. «Je vais ici et là comme une personne ivre», ainsi décrit-elle la «glorieuse folie» de ses extases.

Mais d'abord, elle se méfie d'elle-même, sous ce rapport, si profondément, elle cherche avec tant d'efforts des mesures objectives pour la vie spirituelle que les campagnes de diffamation de ses contemporains contre la «fanfaronne» n'auraient vraiment pas été nécessaires. Et deuxièmement, elle insiste constamment sur le principe qu'une vie honnête et un travail quotidien bien fait sont beaucoup plus importants que des états de ravissements. Le plus haut degré de la perfection ne consiste pas dans des extases sublimes et le don de prophétie, mais bien dans la conformité de notre volonté à celle du Seigneur. Thérèse: «Faisons ce qui est juste. Mais que Dieu nous garde de sottes prières!»

Non, sa mystique n'est pas le passe-temps de quelqu'un qui fuit la réalité, la jouissance égocentrique d'une personne éprise de son paysage intérieur, mais la source d'énergie d'une activité invraisemblable. «Le but de la prière», explique-t-elle, «c'est de produire des actions, toujours et seulement des actions.» Ou encore, de façon plus concise: «Agir signifie prier.» Car, lorsqu'un homme a des rapports familiers avec

Dieu, cela doit aussi apporter le salut aux autres. Finalement, l'amour du prochain est la pierre de touche de l'authenticité de l'amour de Dieu, car: «Que nous aimons Dieu, on ne peut pas le savoir... mais que nous aimons notre prochain, on le remarque.»

Les deux éléments sont solidaires: l'ancrage solide dans l'éternel et le regard éveillé, le cœur ouvert et la main secourable pour les besoins de nos semblables. L'activisme fébrile est un «ennemi de l'âme», Thérèse le sait, mais ce serait tout aussi mal de se refuser, sous prétexte de piété, à un appel concret de Dieu. Il y a plus de quatre cents ans, cette grande religieuse a évidemment eu ses problèmes avec ce type peu attrayant de chrétien que nous nommons bigot.

Thérèse écrit, à ce propos, dans son propre style sarcastique: «Je vois des gens si engoués de leur propre façon de prier qu'ils s'enferment en eux-mêmes avec entêtement et indocilité — comme s'ils n'osaient pas bouger, afin de ne perdre aucune miette de leurs prières, ils me révèlent ainsi qu'ils connaissent peu du chemin qui conduit à l'union avec Dieu. Ils pensent que cela dépend des jouissances de la prière. Non, mes sœurs, non, le Seigneur veut des œuvres! Lorsque tu sais que tu pourrais soulager une malade, laisse tes prières sans hésiter et fais-le.»

«Le Seigneur veut des œuvres!» Même si la santé de Thérèse est désespérément ruinée, après qu'elle eût encore survécu, à soixante-cinq ans, à une grave épidémie de grippe, elle fonda de nouveau, dans les deux années de vie qui lui restaient, six monastères. Elle devait se batailler avec une prieure réfractaire et un cardinal brusque, s'irritait contre son propre corps qui ne lui obéissait plus — marcher et parler lui donnaient beaucoup de peine, des convulsions nerveuses lui agitaient la tête — souffrait de grandes douleurs, mais attendait la mort sans crainte.

Au contraire, lorsqu'elle sentit venir sa fin, sa figure commença à briller, et elle dit: «Maintenant, elle est venue, l'heure si souvent et si ardemment désirée, mon Seigneur et mon époux! Il est temps que nous nous voyions, mon Bien-Aimé, mon Seigneur! Il est temps que je me mette en route. Partons, c'est l'heure!»

Elle demanda à ses compagnes en larmes de lui pardonner son «mauvais exemple» et de ne l'imiter en rien de cela. «Car je fus la plus grande pécheresse du monde, c'est moi qui ai le moins observé ma règle et mes statuts.»

Puis sa figure devint de nouveau sereine, et elle s'endormit le 4 octobre 1582, dans son monastère d'Alba de Tormes, près de Salamanque, à l'âge de 67 ans.

Quarante ans plus tard, Thérèse de Jésus était canonisée; chez les fondateurs de communautés, cela va toujours relativement vite parce qu'il existe un «lobby» efficace et qu'une association de promoteurs n'a pas à être péniblement fondée. Encore aujourd'hui des chrétiens de toutes les confessions lisent ses écrits. 17 000 femmes et hommes vivent en 1 200 monastères selon sa règle.

Le 27 septembre 1970, le pape Paul VI éleva Thérèse d'Avila et Catherine de Sienne au rang de Docteurs de l'Église; c'est la première fois que des femmes recevaient ce titre. 230 savants de dix-huit pays décernèrent récemment à Thérèse, en plus, la triple dignité de docteur honoris causa.

On a dit qu'avec le titre honorifique romain la possibilité de nouer le dialogue avec Dieu et d'avoir Dieu comme ami, à la façon de Thérèse, devrait être accrue dans la conscience des contemporains et que son indissoluble lien entre l'amour de Dieu et le service du monde devrait être souligné. Le pape lui-même donna aussi à l'acte solennel un air d'émancipation: «Le temps est venu», dit Paul VI, «pour que la vocation de la femme se développe dans toute son ampleur. Les femmes remplies de l'esprit de l'évangile peuvent aider l'humanité à ne pas être inhumaine.»

Le grand théologien Karl Rahner, que peut-être même un jour, dans un lointain avenir, quelque pape déclarera docteur de l'Église, exprima alors sans doute un scepticisme prudent. On doit se demander si cet honneur ne doit être «qu'un beau geste» et vise à nous dispenser de donner aux femmes qui vivent aujourd'hui dans l'Église les tâches et les droits qui leur conviennent et que depuis longtemps elles ne possèdent pas dans une étendue équitable et une évidence réelle.

Rahner, cependant, y rattache une deuxième réflexion: «La question se pose également de savoir si la femme elle-même aujourd'hui dans l'Église est vraiment prête à prendre sa place et la fonction qu'elle peut avoir, si elle le veut.»

La voyageuse de Notre-Dame

Marguerite Bourgeoys (1620-1700)

UNE ÉDUCATRICE PRÊTE À RELEVER LE DÉFI DE LA COLONISATION

> *«Ne devons-nous pas, puisque la très Sainte Vierge est notre chère institutrice, imiter ses vertus, pratiquant ce qu'elle a pratiqué. Selon la fragilité et la corruption de notre nature?»*

La France du XVIIe siècle a vécu une effervescence étonnante. Expansion coloniale, conquêtes militaires, influence politique à l'étranger, classicisme en art et en littérature, rayonnement de courants philosophiques et théologiques qui ont profondément marqué la vie sociale et religieuse.

C'est dans ce contexte historique et providentiel que Marguerite Bourgeoys naît, le 17 avril 1620, à Troyes, la capitale de la Champagne, point névralgique pour le commerce comme pour les déplacements de troupes. Elle a connu, plus d'une fois, une ville dévastée par la peste, la guerre et la famine, elle qui vivait au cœur de la cité, dans une maison donnant sur la grand'place, face à l'Hôtel-de-Ville, près de l'église Saint-Jean-au-Marché. Issue d'une famille de petite bourgeoisie, dixième de douze enfants, elle prend vite conscience des problèmes de son temps. Lorsque sa mère meurt victime de la peste en 1639, elle a 19 ans.

Femme d'action, Marguerite a peu écrit. Elle ne nous a laissé que quelques jalons permettant de déceler sa marche vers la grande aventure de la Nouvelle-France. Il semble bien que, jusqu'à 20 ans, elle ait été une jeune champenoise «bienvenue avec les autres filles», comme elle le dit elle-même. Sans doute a-t-elle appris que, dans la paroisse voisine de la sienne, Saint-Rémi, se développait un monastère de la Congrégation de Notre-Dame fondée par Pierre Fourier et la Mère Alix Leclerc, et que certaines de ses concitoyennes s'y engagent en une sorte de tiers-ordre: la Congrégation externe, mais elle ne veut pas se joindre à elles, craignant de passer pour «bigote».

Le premier appel

Dieu attendait son heure. En octobre 1640, elle suit une procession en l'honneur de la Vierge du Rosaire, lorsque, levant les yeux sur «une image de pierre» de Marie, au-dessus du portail de l'abbaye Notre-Dame-aux-Nonnains, elle se sent tout à coup transformée intérieurement. L'appel est décisif et la grâce de Dieu la guidera désormais. À tâtons, dans le clair-obscur de ses doutes et de ses actes de générosité, elle se met à la suite de Notre-Dame et c'est sous son inspiration qu'elle entreprend l'œuvre qu'elle bâtira en innovant à chaque étape. Voyageuse de Notre-Dame, elle ira à Ville-Marie, en Canada, et son action créatrice fera d'elle «la mère d'un pays et d'une Église». Mais les voies de Dieu ne sont pas toujours les nôtres et la mesure de son temps, c'est l'éternité... Entre l'appel de 1640 et le départ pour la Nouvelle-France en 1653, que se passe-t-il? Treize années de germination: plus les racines s'enfoncent, plus l'arbre sera puissant. Par une coïncidence providentielle, un projet d'envergure prenait naissance à la même époque: la fondation de Ville-Marie, et nous pouvons le considérer sous un double volet.

D'une part, un groupe de laïcs animés de l'esprit missionnaire fonde la compagnie des «Messieurs et Dames de Montréal» dans le but d'établir, au point le plus exposé aux Iroquois, sur une île en amont du fleuve Saint-Laurent, une
colonie où l'on ferait revivre l'esprit des premiers chrétiens.
Jérôme Le Royer de la Dauversière et Jean-Jacques Olier en
sont les instigateurs et fournissent une partie importante des
fonds. Qu'on le veuille ou non, les documents historiques
attestent que les origines de Ville-Marie relèvent de l'épopée
mystique et que Dieu en a été la source d'inspiration comme
le but ultime. Parmi les réalisations rêvées pour «instaurer la
foi chrétienne», les fondateurs souhaitent l'établissement
d'une communauté de femmes consacrées à l'éducation des
enfants et qui honorerait la Mère de Dieu. Ainsi donc, en août
1640, on fixe les objectifs de la fondation de Ville-Marie, la
future ville de Montréal.

D'autre part, en octobre de la même année, Marguerite
Bourgeoys est appelée par Dieu et elle qualifie sa réponse de
«conversion». Elle sacrifie «petits ajustements» et préjugés,
et elle va chercher à la Congrégation externe une formation à
la prière et un moyen de témoigner de son adhésion à Dieu
par le service des démunis en allant enseigner aux enfants
des faubourgs de Troyes, action apostolique que les Religieuses de la Congrégation de Notre-Dame fondée par Pierre Fourier ne pouvaient exercer puisque, selon les prescriptions ecclé-
siales de l'époque, elles étaient astreintes aux exigences du
cloître. Cette démarche de Marguerite la met ainsi en contact
non seulement avec la vie religieuse, mais aussi avec une communauté vouée à l'éducation des filles et dont le fondateur
était à la fine pointe du renouveau pédagogique de son temps.
Comment ne pas y voir une préparation au rôle qui l'attend
au Canada? Ajoutons que la directrice de la Congrégation
externe est la sœur de Paul Chomedey de Maisonneuve,
celui-là même qui a été choisi par les promoteurs pour aller
jeter les bases de l'œuvre de Ville-Marie en 1642.

Lorsque le fondateur revient en France, après 10 ans, il cherche des recrues et une institutrice, c'est-à-dire une femme qui devra partir seule et fournir les garanties requises pour assumer ce poste dans des conditions précaires. Il n'était pas question de ramener des membres d'une communauté religieuse traditionnelle, en raison des limites de la colonie. Sœur Louise de Ste-Marie propose à son frère Marguerite Bourgeoys, alors préfète de la Congrégation externe. Les présentations se font au parloir du Monastère: surprise, Marguerite croit reconnaître cet homme: «Mais c'est mon prêtre... celui que j'ai vu en rêve...» Prémonition sans doute; l'austérité de sa mise avait créé la confusion sur son état de vie. Toujours est-il que Marguerite écoute, prie, consulte et finalement se décide. Dans ses Mémoires, elle écrit: «Je m'offre pour y aller et il m'accepte, mais SEULE.»

Il faut rappeler les coutumes des filles de bonne famille à cette époque pour comprendre que Marguerite brave ainsi les conventions sociales. Une femme ne voyageait pas seule. D'ailleurs, certains détails rapportés par ses biographes nous renseignent sur les dangers des voyages en coche et sur les jugements téméraires dont elle a été victime. Cependant, elle avait prié Notre-Dame avec tant de ferveur qu'elle en a reçu une réponse privilégiée. Nous lui laissons la parole: «Un matin, étant bien éveillée, une grande femme vêtue d'une robe comme de serge blanche, me dit distinctement: 'Va, je ne te délaisserai point!' et je connus que c'était la Sainte Vierge quoique je ne visse point son visage. Ceci me rassura pour le voyage et me donna bien du courage, et je ne trouvai plus rien de difficile.» C'est donc en un sens sur l'ordre de Notre-Dame qu'elle quitte son pays et que, dans un geste de confiance et d'abandon à la Providence, elle entreprend le voyage vers ce qui semblait alors le bout du monde, vers ce pays de neige et d'insécurité. À la fin de sa vie, elle a noté: «Je partis de Troyes sans denier ni maille, avec un petit paquet que je pouvais porter sous mon bras.»

Elle n'apporte rien. D'ailleurs, elle ne gardera jamais rien pour elle, ni l'héritage familial qu'elle passera à ses frères et sœurs plus jeunes, ni les biens qu'elle acquerra «au nom de la Congrégation». Pauvre elle-même, elle demande à ses filles de l'être: aux premières recrues qu'elle est retournée chercher en France, elle promet «le pain et le potage».

Elle n'avait qu'un baluchon en partant de Troyes, mais elle était riche d'une expérience spirituelle qui orienterait l'œuvre à laquelle Dieu la destinait. Le Confesseur de la Congrégation externe, Monsieur Antoine Gendret, l'a initiée aux valeurs de la vie consacrée. Sous sa conduite, après une tentative d'entrée au Carmel, elle fait des vœux privés de chasteté et de pauvreté. Mais l'influence déterminante de Monsieur Gendret vient surtout du fait qu'il lui expose ses idées sur une forme nouvelle de vie religieuse. Il lui explique que l'Évangile présente trois types de femmes qui furent de la suite de Jésus: la Vierge Marie et les deux sœurs de Lazare. Marthe et Marie ont inspiré le mode de vie consacrée des Sœurs hospitalières et des Sœurs contemplatives, mais un «troisième état de filles» dans l'Église devrait imiter «la vie voyageuse» de la Mère de Jésus.

C'est l'idée d'une communauté de religieuses non cloîtrées, «libres d'aller vers le prochain». Cette spiritualité de l'imitation de Marie allant vers sa cousine Élisabeth dans le mystère de la Visitation ou participant à la vie de l'Église primitive au milieu des apôtres, c'est le charisme fondamental de la Congrégation de Notre-Dame de Montréal que Marguerite Bourgeoys fondera à Ville-Marie et les principes théologiques sur lesquels elle est basée lui ont été expliqués par Monsieur Gendret. Un très bref essai de réalisation avait échoué à Troyes, mais Marguerite gardait ce rêve bien vivant au fond de son cœur. C'est au Canada qu'il est devenu réalité.

Septembre 1653. C'est l'arrivée dans une colonie naissante: quelques familles de colons, aucun enfant d'âge scolaire, une infirmière: Jeanne Mance, un fort où logent le gouverneur et quelques hommes. Que fait Marguerite? elle ouvre les yeux et répond aux besoins les plus pressants. Déjà sur le bateau, elle s'était chargée d'une toute jeune fille, Marie Dumesnil, elle avait soigné les malades, préparé les mourants à l'ultime voyage. Elle avait fait ses preuves, si bien que, au débarquement, Monsieur de Maisonneuve l'a présentée à Jeanne Mance en ces termes: «J'amène une excellente fille, une personne de bon sens et de bon esprit et dont la vertu est un trésor qui sera un puissant secours à Montréal.» Pour sa part, Marguerite, relatant ce premier voyage avec «la grande recrue» c'est-à-dire le contingent de colons que le Gouverneur devait ramener pour assurer la survie de Ville-Marie, nous dit avec simplicité: «Peu de temps après leur arrivée (…) ces cent hommes étaient changés comme le linge qu'on a mis à la lessive.» C'est dire qu'elle n'avait pas peur d'afficher ses convictions.

Un de ses premiers gestes en arrivant fut de grimper avec quelques hommes au sommet du Mont-Royal pour relever une croix que les amérindiens avaient abattue. Geste symbolique s'il en fut! Elle est venue pour implanter la foi en ce pays et elle cherchera les moyens pour le faire. Enfin en 1658, le Gouverneur lui donne une étable de pierre: ce sera la première école de Montréal et le berceau de la Congrégation de Notre-Dame. Avec l'aide des enfants et d'une «bonne fille», elle la nettoie; le pigeonnier devient sa demeure. On y accède par une échelle que l'on tire le soir pour éviter les rôdeurs menaçants. L'ouverture de l'école eut lieu le 30 avril 1658. Pendant les premiers mois, Marguerite réfléchit. Son regard entrevoit déjà les générations qui montent et l'ampleur de la tâche des éducatrices. Voilà que refait surface le projet d'une communauté capable de voyager: elle s'adjoindrait des compagnes qui pourraient ensuite partir deux par deux rejoindre les enfants dans les agglomérations qui vont s'échelonner le long du fleuve.

En conséquence, dès le 29 septembre 1658, elle retraverse l'océan en quête de recrues et revient avec quatre disciples, choisies avec soin. Le dépouillement qu'elle exige d'elles, la vie commune qui s'organise dans l'étable-école, le style d'activités axées sur le service du prochain et inspirées des préceptes évangéliques ne laissent aucun doute: une œuvre est née, différente de celles qui existaient en France.

La Mère de la colonie

Sur le bateau, Marguerite crée des liens avec les «filles à marier» recrutées en vue de permettre aux soldats et colons de fonder des foyers. Elle les reçoit dans sa maison, en achète une autre en 1663 spécialement pour accueillir les «filles du roi» qui débarqueront dans les années suivantes. Elle se fait la mère de ces françaises, parfois très jeunes, elle les rassure, les prépare à leur rôle d'épouse et de mère. Les prétendants vont chez Mère Bourgeoys qui favorise les rencontres et les archives de Montréal nous révèlent que plusieurs des premiers contrats de mariage ont été signés «au parloir de la Congrégation». Certains de ces documents portent la signature de Marguerite Bourgeoys comme témoin. Accueillir ces jeunes femmes, c'était un geste de charité chrétienne. Marguerite est allée plus loin. La Vierge Marie était partie en hâte vers sa cousine Élisabeth… lui porter le salut grâce à l'enfant qui vivait en elle. Marguerite veut donc implanter les valeurs de foi et répandre la bonne nouvelle du salut dans ces foyers en train de bâtir un pays. Elle sait que l'éducation des femmes rayonnera sur les familles; elle continue de les aider après leur mariage, elle les visite, mais aussi elle établit un genre de Congrégation externe, analogue à celle de Troyes sans être semblable, créant ainsi le moyen d'approfondir l'éducation chrétienne des femmes. Cela explique que l'on ait dès les débuts appelé sa maison «la Congrégation» et que les sœurs collaboratrices et émules de Marguerite Bourgeoys aient été et sont encore désignées par le peuple sous le nom de «Sœurs de la Congrégation». Après plus de 300 ans, la tradition nous relie aux origines de Ville-Marie...

Toujours ouverte aux besoins, Marguerite voit que des filles doivent apprendre à travailler et à gagner leur vie. Elle innove une fois encore par la création de l'Ouvroir de la Providence: sorte d'école ménagère ou d'école de métiers où la cuisine, le filage, le tissage et la tenue de maison s'enseignent. Il est inutile d'insister sur la place faite obligatoirement à l'instruction religieuse et à la prière.

Comment Marguerite arrivait-elle à faire tout cela? Elle était retournée une deuxième fois en France chercher des compagnes... et puis, très tôt, elle commence à recruter des canadiennes. Contrairement à un usage courant de l'époque, Marguerite ne fait pas de distinction entre les françaises et les filles nées au pays et des historiens sont étonnés d'apprendre que la première supérieure qui remplacera la fondatrice, sœur Marie Barbier, était une montréalaise d'origine. La même ouverture d'esprit inspire son attitude envers les amérindiennes. Quand elle ouvre une école à la mission de la Montagne, une sœur d'origine amérindienne y enseignera. Marguerite avait adopté successivement de petites amérindiennes, au début, mais, faisant preuve d'avant-gardisme, elle s'opposait à la francisation. Dans la France du XVIIe siècle, le respect d'une civilisation autochtone était une valeur inconnue et nous savons que Marguerite n'était pas approuvée de tous en cela. Qu'importe! Elle n'avait pas peur de la contradiction!

Marguerite éduque, Marguerite invite à la prière... Elle rêve d'entraîner les habitants de Ville-Marie en pèlerinage. Vieille tradition chrétienne que cette marche où l'effort physique et l'éloignement ont une signification symbolique! Dès 1657, elle projette la construction d'une chapelle en dehors de l'enceinte du fort. Des difficultés retardent la réalisation de ce projet, si bien que la chapelle Notre-Dame-de-Bon-Secours ne sera terminée qu'en 1678. Les sœurs pensaient-elles au voyage de Marie vers Hébron lorsqu'elles recueillaient les matériaux, lorsqu'elles servaient les maçons, lorsqu'elles faisaient des travaux de couture ou de raccommodage en faveur des colons en retour de «journées» de travail pour la chapelle? Après plus de trois cents ans, touristes et croyants s'acheminent encore vers cette chapelle rebâtie et restaurée où la statue miraculeuse rapportée de France par Marguerite en 1672 rappelle la foi qui a suscité la première église de pierre élevée sur l'île. Mais le pèlerinage au cœur du Vieux-Montréal n'est plus une aventure...

Il serait peut-être temps de parler de l'héroïsme de Marguerite Bourgeoys. Le climat était dur, le pays n'était pas encore défriché, il n'était même pas pacifié, puisque la paix signée avec les nations amérindiennes date de 1701. Les escarmouches étaient fréquentes, les hommes devaient être armés pour aller aux champs, les communications entre les postes se faisaient par voie d'eau, mais en raison des glaces et des dégels elles étaient interrompues pendant des mois entiers... Que dire des voyages en France sur des voiliers inconfortables et insalubres, à la merci des vents sur l'océan?... des difficultés de ravitaillement?

Pourtant elle n'hésite jamais à reprendre la route quand il faut défendre son œuvre. Pour en assurer la stabilité et lui donner des assises légales, elle demande ce qu'on appellerait aujourd'hui une incorporation civile. En 1672, elle revient de France avec des Lettres patentes signées par le roi Louis XIV qui reconnaissent l'Institut des «Filles séculières de la Congrégation de Notre-Dame». Au retour de ce second voyage, alors qu'elle ramène six compagnes, une personne vient lui annoncer, dès le débarquement à Québec, que sa communauté «est en décadence et prête à tomber». Elle répond simplement: «Celui qui la fera tomber, pourra bien la relever quand il lui plaira.»

Elle compte sur Dieu, mais, en femme équilibrée, elle sait qu'une organisation intelligente des ressources matérielles assure les moyens de subsistance et fait grandir l'œuvre. Déjà les Lettres patentes spécifiaient que les sœurs n'étaient «aucunement à charge au pays». En effet, les sœurs travaillaient pour gagner leur vie. De plus, Marguerite Bourgeoys exploite les concessions reçues: elle fait construire une grange et y établit un fermier. Elle achète des terres et les fait cultiver. Pour des besoins nouveaux, elle achète de nouvelles maisons ou en fait bâtir. Les premières acquisitions avaient été faites en son nom personnel, mais, dès 1669, elle avait signé une reconnaissance conservée aux Archives judiciaires de Montréal où elle déclare que «ses compagnes jouissent conjointement avec elle des acquisitions comme des autres biens qui leur sont communs». Elle avait le sens des affaires bien faites, disposition qu'elle tenait peut-être de son père, fabricant et marchand de chandelles et monnayeur en la monnaie de Troyes.

Cependant elle garde toujours le souci de maintenir une vie pauvre dans ses maisons, qu'elle appelle «les maisons de la Sainte Vierge», et elle prie pour connaître la Volonté de Dieu sur l'orientation à donner à ses démarches. Ainsi à propos de la maison qu'elle a fait bâtir en 1670: «Je me vis contrainte, sur l'instance de mes sœurs, de faire bâtir… Tout cela était d'une grande dépense, mais, quand je me trouvais en peine, je m'adressais à la très Sainte Vierge et lui promettais que je lui ferais bâtir sa chapelle; et aussitôt, je trouvais ce qui m'était nécessaire, et cela, par plusieurs fois.»

On retrouve le même sens des affaires et la même foi au moment où, en 1692, les établissements de Québec sont la source de grandes difficultés de tous ordres. Marguerite s'y rend pour tirer ses filles d'une impasse financière. La situation est difficile et surtout elle ne veut pas aller en justice pour régler cette affaire, afin de garder la paix. «J'ai grand désir de demeurer unie avec tout le monde à cause que Dieu nous commande d'aimer notre prochain.» Elle épuise tous les moyens possibles. Elle est à bout; elle entre dans la chapelle des Jésuites et, dans un geste d'abandon, elle s'écrie: «Sainte Vierge, je n'en peux plus!» Ce cri a une résonnance profonde. Pendant que les œuvres de Québec s'organisent péniblement, la vie continue. Au plan personnel, Marguerite Bourgeoys traverse depuis de longs mois la crise d'âme la plus douloureuse de sa vie... Au plan historique, c'est la recrudescence des guerres avec les Iroquois qui, en 1689, massacrent 290 habitants de Lachine, près de Ville-Marie; les sœurs sont épargnées, mais quelles angoisses on a dû vivre! D'autre part, ce fut l'attaque de Québec par le général Phipps, à la tête de la flotte anglaise, en 1690. Climat d'insécurité au dedans et au dehors! Marguerite ne s'affole pas, elle en appelle à Marie, et, comme on l'a vu si souvent dans sa vie, la réponse vient. À peine est-elle sortie de l'église des Jésuites qu'un bienfaiteur inattendu se présente, disposé à prêter la somme dont elle a besoin pour faire taire le créancier.

La fondatrice inspirée

En toutes ses initiatives de fondatrice, Marguerite a joué un rôle de pionnière dans l'Église. Dans la plupart des Communautés de ce temps-là, le nom de la fondatrice est toujours dans l'ombre d'un ecclésiastique considéré comme le fondateur. Marguerite Bourgeoys a toujours été autonome. Quand il le fallait, elle allait de l'avant, quitte à multiplier les démarches pour faire sanctionner ses initiatives. Ainsi, la charte civile a été obtenue en 1672, alors que l'approbation épiscopale ne sera donnée par Mgr de Laval qu'en 1676, après qu'il eut essayé d'intégrer la communauté aux Ursulines de Québec. C'était une femme audacieuse qui imposait le dialogue, mais qui savait aussi obéir dans la foi. La tradition rapporte même que, à un âge avancé, elle a fait le voyage de Montréal à Québec à pied pour discuter avec son évêque. Encore par obéissance à l'évêque, elle demeure Supérieure de la Congrégation jusqu'à 73 ans.

Lorsqu'elle donne sa démission en 1693, elle demande pardon à ses sœurs des peines qu'elle a pu leur causer, rappelle que celle qui sera élue Supérieure devra faire garder exactement les règles jusqu'à la plus petite et termine par ces mots: «Entretenez-vous dans cet esprit que vous devez avoir: esprit de pauvreté, de mépris, d'obéissance et d'abandon entre les mains de Dieu.» Après sa démission, elle continue de soutenir ses filles qui poursuivent les démarches qu'elle-même avait entreprises pour obtenir une approbation des Règles religieuses afin d'assurer la pérennité de l'esprit de sa Communauté. À cette occasion, le deuxième évêque de Québec, Mgr de Saint-Vallier, renouvellera une tentative de fusion et il a fallu l'intervention du Supérieur des Sulpiciens à Paris, Monsieur Tronson, pour triompher une fois encore. Quand on pense que Marguerite voulait des filles «sans voile ni guimpe», libres d'aller vers le prochain, et que Mgr de Saint-Vallier se proposait, entre autres exigences, de leur imposer la clôture, on comprend que, et la fondatrice, et les sœurs formant le conseil aient lutté pour sauver l'essentiel du charisme initial.

Lorsque, en 1698, sœur Marguerite dite du Saint-Sacrement prononce ses vœux à son rang — c'est-à-dire après des jeunes canadiennes qu'elle avait formées — elle a 78 ans, elle est retirée à l'infirmerie depuis cinq ans. Elle serait justifiée de chanter le Nunc Dimittis... Maintenant Seigneur tu peux rappeler ta servante... Son œuvre est solidement établie et les activités apostoliques et éducatives se sont diversifiées au rythme du développement du pays. Outre la Ferme de la Pointe St-Charles que les sœurs exploitent depuis 1668 et où est installé l'Ouvroir de la Providence depuis 1676, elle a ouvert un pensionnat à Montréal, la mission de la Montagne accueille des amérindiennes, et les sœurs qu'elle voulait «filles de paroisse» se retrouvent à Champlain, à la Pointe-aux-Trembles, à Lachine. Depuis 1685, en réponse à des appels venus de la région de Québec, Marguerite a envoyé des sœurs à l'Île d'Orléans; puis on ouvre à Québec un Ouvroir et une école pour les enfants de la basse-ville. Elle a même accepté, pour un temps, de faire jouer à ses sœurs un rôle de suppléance en s'occupant de l'Hôpital général en attendant qu'une communauté d'hospitalières en prenne charge. En 1685, Mère Bourgeoys avait déjà reçu en tout plus de 40 sœurs «à qui, dit-elle, je n'ai jamais promis autre chose que pauvreté et simplicité».

La spiritualité de Marguerite Bourgeoys

Mais elle a laissé à ses filles un héritage spirituel qu'il faut découvrir dans ses actes surtout, mais aussi dans les quelques écrits qui nous sont parvenus. Lorsque l'âge et la maladie l'eurent confinée à l'infirmerie, elle a connu des épreuves purificatrices qui ont affiné son désir de conduire ses filles à la sainteté afin qu'elles soient des éducatrices à la manière de Marie. De sa chambre de retraitée, elle voyait l'évolution et les adaptations qui se vivaient sous la direction de la nouvelle Supérieure. Elle parle de «relâchement de la règle primitive»... et elle souffre de n'avoir plus l'autorité qui lui permettrait de parler à ses sœurs. Alors, sur le conseil de son directeur spirituel, elle écrit ce qu'elle ne peut pas exprimer verbalement et cet acte d'obéissance nous a valu des textes d'une clarté et d'une simplicité désarmante qui trahissent l'amour de Dieu qui a brûlé son cœur. Des incendies successifs ont détruit de précieux documents, mais ce qui en reste a été publié dans un livre intitulé *Les Écrits de Mère Bourgeoys.*

Elle y explique ce qu'elle entend par l'imitation de Marie à la suite de Jésus. «On nous demande pourquoi nous aimons mieux être vagabondes que d'être cloîtrées, le cloître étant la conservation des personnes de notre sexe? Pourquoi nous ne faisons pas de vœux solennels?» (...) Pourquoi «nous aimons mieux être filles de paroisse»? (...) Pourquoi «nous faisons des missions qui nous mettent au hasard de bien souffrir et même d'être prises, tuées ou brûlées par les sauvages»? Marguerite Bourgeoys répond: «Il y a des marques que la Sainte Vierge a agréé qu'il y eût une troupe de filles qui honorassent la vie qu'elle a menée, étant dans le monde, et qu'elles s'assemblassent à Montréal...» Avec simplicité et humilité, sans insister sur les faveurs spéciales dont elle a été gratifiée, elle reconnaît que Marie a été son inspiratrice et son secours. Elle poursuit: «Or, la Sainte Vierge n'a jamais été cloîtrée. Elle a bien été retirée dans sa solitude intérieure, mais elle ne s'est jamais exemptée d'aucun voyage où il y eut quelque bien à faire ou quelque œuvre de charité à exercer. Nous voudrions la suivre en quelque chose. La règle de la charité est celle que la Sainte Vierge a prescrite à tous ceux qui ont eu l'honneur d'être à sa suite, et même les premiers chrétiens, car l'amour de Dieu et du prochain renferme toute la loi.»

Plus loin elle explique: «L'Église de paroisse nous représente le Cénacle où la Sainte Vierge a présidé, comme une reine gouverne ses États durant la minorité de son petit dauphin; car les apôtres n'étaient pas encore capables de conduire l'Église. Et la Sainte Vierge l'a soutenue depuis la mort de son Fils jusqu'à la descente du Saint-Esprit où elle a reçu une surabondance de grâce, après cette plénitude qu'elle avait reçue au jour que l'ange lui en porta la nouvelle.» Ailleurs, elle précisera que ses «filles de paroisse» ne doivent recevoir aucun honneur particulier ou distinction comme au moment où l'on distribuait le pain bénit.

Imiter Marie, c'est surtout chercher à reproduire ses vertus: «Ne devons-nous pas, puisque la très Sainte Vierge est notre chère Institutrice, imiter ses vertus, pratiquant ce qu'elle a pratiqué, selon la fragilité et la corruption de notre nature? Que si nous sommes fidèles, nous devons espérer que Dieu qui a exaucé les saints fondateurs, dans les grâces qu'ils ont demandées pour leurs imitateurs, exaucera Celle qui est sa Mère, sa Fille et son Épouse lorsqu'Il en sera prié par elle en faveur de cette petite Communauté. Or, pour imiter cette chère Fondatrice, il faut parcourir sa vie et nous arrêter à ce que Notre Seigneur nous inspirera de faire.» Notons que la Fondatrice dont il vient d'être question, c'est Marie. Dans une langue qui a vieilli, Marguerite nous apprend qu'elle considère comme la vraie Fondatrice de sa Communauté la Vierge Marie que les sœurs ont un jour choisi officiellement comme leur «première et perpétuelle supérieure», fidèles en cela à l'enseignement que Marguerite leur avait donné. Or le rôle de Notre-Dame a toujours été de conduire à son fils: «Faites tout ce qu'Il vous dira.»

Imiter Marie, c'est donc vivre et enseigner l'essentiel du message évangélique: primauté de l'amour de Dieu et du prochain. «La Sainte Vierge a aimé Dieu pour l'amour de Lui-même et pour obéir au commandement qu'Il en avait fait; et cet amour a été mêlé de crainte jusqu'à la salutation de l'ange. Mais le Père éternel la faisant saluer 'pleine de grâce', et lui donnant son Esprit Saint pour Époux, et son Verbe pour son Fils, son amour a été rehaussé par-dessus les anges et les hommes. Et son amour pour le prochain s'est accru de plus en plus. Et après avoir reçu tous ces avantages, elle s'est toujours rendue la plus petite de toutes, en elle-même, et s'est humiliée dans sa solitude intérieure, vivant pauvrement et inconnue aux hommes. Et son amour pour le prochain augmentait pour en instruire toutes celles qui avaient l'honneur d'être avec elle.»

Comme il apparaît évident que Marguerite a contemplé Marie dans les grands mystères de sa vie de foi! De même, c'est en contemplant Marie que ses sœurs apprendront à pratiquer les vertus chrétiennes. «Il faut donc que les filles fassent, selon leur pouvoir et avec la grâce de Dieu, les actes qu'elle a faits; qu'elles reconnaissent leur Créateur qui les a tirées du néant, qu'elles remercient de toutes les grâces qu'elles ont reçues de sa miséricorde et qu'elles embrassent l'observance de ses commandements, et qu'elles suivent les enseignements de Notre Seigneur étant sur la terre. Il faut que toutes nos pensées, nos paroles et nos actions aient pour commencement propre et pour fin d'embrasser ses commandements. Et dans la maison, dans les écoles et dans toutes les instructions, qu'elles les fassent comprendre et qu'elles montrent l'importance de les observer. Qu'ils soient marqués partout. Et, comme il est écrit: 'jusque au seuil des portes'. (…) Il faut les porter dans son cœur pour s'en servir en toutes rencontres.»

Et le modèle, c'est la communauté des premiers chrétiens, si proche de Marie et des apôtres témoins du grand mystère du salut qu'est l'Incarnation du Verbe. «La première chose qui est remarquée dans les premiers chrétiens est qu'ils n'étaient tous qu'un cœur et qu'une âme, en Dieu, et qu'ils ne possédaient rien en propre et en particulier; tous les biens étaient communs entre eux. Et nous devons, à leur imitation, sur l'exemple de la très Sainte Vierge qui a eu soin, après la mort de son Fils, de cette première communauté du christianisme, être parfaitement unies ensemble dans la Congrégation, car, sans cette union, il n'y a point de communauté. Mais il faut surtout que cette union soit des esprits et des cœurs, par rapport au même esprit de grâce qui doit nous animer, comme est celui de la simplicité, petitesse, pauvreté, dégagement de toutes choses et d'abandon à Dieu qui nous doit faire tendre toutes à un même bien. Et sans cette union, il est impossible qu'une communauté soit parfaite et tranquille, comme nous croyons que notre corps n'a point sa perfection et sa tranquillité si un seul de nos membres, qui lui sont unis, est ôté de sa place. C'est par ces rapports que la très Sainte Vierge demande que nous soyons toutes unies ensemble et qu'il n'y ait qu'une même volonté de grâce dans cette communauté.»

Comme on le voit Marguerite Bourgeoys propose la perfection de l'amour. Elle va si loin dans ses exigences de charité qu'elle demande de «garder le prochain dans la charité qu'il nous doit», c'est-à-dire d'agir de telle manière qu'il soit facile pour les autres de pratiquer la charité envers nous. Le but ultime, c'est que Dieu soit «bien aimé et servi». Cet objectif est au point de départ de toutes les œuvres qu'elle a entreprises: accroître l'amour au cœur des enfants, des filles du roi, des familles, des pèlerins, des malades, des soldats, de tous ceux avec lesquels ses sœurs entreraient en contact.

Fidèle jusqu'au bout au grand précepte de la charité, lorsqu'elle apprend que l'une des sœurs plus jeunes sur qui on fondait de grandes espérances est très gravement malade, elle s'offre spontanément à Dieu avec tant de foi amoureuse que sa prière est exaucée. Sœur Catherine Charly est sauvée alors que Marguerite, jusque là bien portante malgré ses 79 ans, est saisie d'une forte fièvre accompagnée de souffrances aiguës; le 12 janvier 1700, elle meurt dans la sérénité. Nous osons croire que Marguerite Bourgeoys avait atteint ce degré d'amour qu'elle avait décrit quelques années avant sa mort: «Mais le véritable amour est celui d'amant qui se trouve rarement, car toute chose ne le touche: ni le bien, ni le mal, il donne sa vie avec plaisir pour la chose aimée. Il ne connaît point ses intérêts, ni même ses besoins. La maladie et la santé lui sont indifférentes; la prospérité ou l'adversité, la mort ou la vie, la consolation ou la sécheresse lui sont égales.»

Les témoins de sa vie lui ont rendu un dernier hommage éloquent. Le corps a été exposé dans l'église du couvent où Marguerite avait été si heureuse d'accueillir la présence eucharistique, moins de cinq ans auparavant. Il fut cependant décidé qu'il serait inhumé sous la chapelle de l'Enfant-Jésus, à l'église paroissiale, parce qu'elle avait toujours tenu à être «fille de paroisse». Les obsèques euront donc lieu à l'église Notre-Dame, près du séminaire Saint-Sulpice.

Si le corps de la fondatrice fut d'abord confié à la paroisse, ses filles ont toujours gardé son cœur. Placé dans une boîte de plomb, il fut déposé dans une niche préparée à cette fin dans la chapelle du couvent au moment du service solennel qui y fut célébré au trentième jour du décès, le 11 février 1700. Ce cœur, on le retrouvera plus tard dans les ruines de la chapelle incendiée; on assure que du sang avait coulé dans les cendres. Ce trésor fut précieusement recueilli et il demeure un objet de vénération dans la chapelle de la Maison mère de la Congrégation de Notre-Dame.

Un culte populaire a gardé bien vivant le souvenir de Marguerite Bourgeoys et l'on ne saurait compter les faveurs spirituelles, les guérisons et les secours de toutes sortes qui ont été et qui sont encore attribués à son intercession. Deux miracles furent reconnus par l'Église avant sa béatification par le pape Pie XII, en 1950. Puis, le 2 avril 1982, le pape Jean-Paul II a promulgué le décret de miracle qui devait conduire à la canonisation. Le 31 octobre 1982, à Rome, SAINTE MARGUE-RITE BOURGEOYS était donnée comme modèle à l'Église universelle.

L'action éducative et apostolique de Marguerite Bourgeoys s'est perpétuée à travers la Communauté qu'elle avait fondée. À ce jour, 7160 femmes depuis les origines se sont engagées à sa suite, désireuses de servir le Christ en Église en s'inspirant du charisme initial. Encore aujourd'hui, plus de 2400 religieuses poursuivent son action à la Congrégation de Notre-Dame dans les champs d'activités les plus divers: de l'école au Collège ou à l'Université, de la promotion sociale à la pastorale familiale, paroissiale ou diocésaine. On les retrouve dans presque toutes les provinces du Canada. Un éclatement missionnaire les a conduites aux États-Unis en 1860, au Japon en 1932, en Amérique latine en 1962, au Cameroun en 1970 et à Troyes, en France, en 1981.

Une expérience récente tente de faire revivre la «Congrégation externe» établie par Marguerite Bourgeoys, sous une forme renouvelée. Les «Associé-es» sont des laïques qui s'inspirent de la spiritualité de sainte Marguerite Bourgeoys pour orienter leur vie chrétienne engagée dans l'Église.

L'influence de Marguerite Bourgeoys déborde largement le cadre de sa Congrégation. Ses amis sont issus de toutes les classes sociales et son rayonnement n'a plus de frontières. Des pèlerins viennent visiter son tombeau, maintenant placé sous la pierre d'autel de la chapelle de la Maison mère de la Congrégation de Notre-Dame à Montréal. Elle y accueille les prières des croyants et croyantes et de son ciel de gloire elle demeure attentive aux besoins de la société contemporaine. Les valeurs qu'elle a privilégiées sont toujours essentielles: justice sociale, promotion de la femme, éducation des enfants, attention aux démunis, respect de la vie, paix dans les familles, ouverture aux autres cultures.

À notre monde assoiffé d'amour, mais qui s'abreuve souvent à des sources trompeuses ou empoisonnées, Marguerite enseigne encore le chemin des sources claires, elle conduit encore à l'Évangile, elle invite encore à suivre les pas de Notre-Dame qui mènent au Christ Jésus. Ses filles continuent de vivre de son esprit et à son exemple elles cherchent à lire les signes des temps afin d'être, elles aussi, des femmes de Visitation.

TABLE DES MATIÈRES

Collection

CHEMINS DE VIE

Imprimerie des Éditions Paulines
250, boul. St-François Nord
Sherbrooke, QC, J1E 2B9

Imprimé au Canada — Printed in Canada